ALMANACH

DE

L'ÉMANCIPATION DES PEUPLES

POUR

1849.

UNION ET PERSÉVÉRANCE.

50 CENTIMES.

Paris.

BARBA | GARNOT

7, rue Pavée-Saint-André-des-Arts.

1849

PARIS. — Imprimerie d'A. Simon, 110, rue Saint-Jacques.

JANVIER.	FÉVRIER.	MARS.	AVRIL.	MAI.	JUIN.
lun. 1 CIRCONCIS.	jeu. 1 s. Ignace.	jeu. 1 s. Aubin.	D. 1 RAMEAUX.	mar. 1 s. Jac. s. Ph.	ven. 1 s. Pamphile.
mar. 2 s. Basile, év.	ven. 2 PURIFICATION	ven. 2 s. Simplice.	lun. 2 s. Franç. de P	mer. 2 s. Athanase.	sam. 2 s. Pothin.
mer. 3 sᵉ Geneviév.	sam. 3 s. Blaise.	sam. 3 sᵉ Cunégond.	mar. 3 s. Richard.	jeu. 3 Inv. sᵉ Croix.	D. 3 TRINITÉ.
jeu. 4 s. Rigobert.	D. 4 SEPTUAGESIME	D. 4 REMINISCERE.	mer. 4 s. Ambroise.	ven. 4 sᵉ Monique.	lun. 4 s. Optat.
ven. 5 s. Siméon.	lun. 5 sᵉ Agathe.	lun. 5 s. Adrien.	jeu. 5 s. Vincent F	sam. 5 C. s. August.	mar. 5 s. Boniface.
sam. 6 EPIPHANIE.	mar. 6 s. Waast.	mar. 6 sᵉ Colette.	ven. 6 VENDR.-SAINT	D. 6 s. Jean p. lat.	mer. 6 s. Norbert.
D. 7 s. Théau, a.	mer. 7 s. Romuald.	mer. 7 sᵉ Perpétue.	sam. 7 s. Hégésippe.	lun. 7 s. Stanislas.	jeu. 7 FÊTE-DIEU.
lun. 8 s. Lucien.	jeu. 8 s. Jean de M	jeu. 8 s. Jean de D	D. 8 PAQUES.	mar. 8 s. Désiré.	ven. 8 s. Médard.
mar. 9 s. Justinien.	ven. 9 sᵉ Apolline.	ven. 9 sᵉ Françoise.	lun. 9 sᵉ Marie cle.	mer. 9 s. Grég. de N.	sam. 9 sᵉ Pélagie.
mer. 10 s. Paul, erm.	sam. 10 sᵉ Scholastiq	sam. 10 s. Droctové.	mar. 10 s. Macaire.	jeu. 10 s. Gordien.	D. 10 s. Landry.
jeu. 11 s. Théodose.	D. 11 SEXAGESIME.	D. 11 OCULI.	mer. 11 s. Léon, pap.	ven. 11 s. Mamert.	lun. 11 s. Barnabé.
ven. 12 s. Arcadius.	lun. 12 sᵉ Eulalie.	lun. 12 s. Maximilie	jeu. 12 s. Jules, p.	sam. 12 s. Epiphane.	mar. 12 s. Onuphre.
sam. 13 Bap. de J-C.	mar. 13 s. Lezin.	mar. 13 sᵉ Euphrasie	ven. 13 s. Justin.	D. 13 s. Servais.	mer. 13 s. Ant. de P.
D. 14 s. Hilaire, év.	mer. 14 s. Valentin.	mer. 14 sᵉ Mathilde.	sam. 14 s. Tiburce.	lun. 14 ROGATIONS.	jeu. 14 s. Basile le g.
lun. 15 s. Maur., ab.	jeu. 15 s. Faustin.	jeu. 15 s. Longin.	D. 15 QUASIMODO.	mar. 15 s. Isidore.	ven. 15 s. Modeste.
mar. 16 s. Guillaume	ven. 16 sᵉ Julienne.	ven. 16 s. Cyriaque.	lun. 16 s. Fructueux.	mer. 16 s. Honoré.	sam. 16 s. J. Fr. Rég
mer. 17 s. Antoine.	sam. 17 sᵉ Marianne.	sam. 17 sᵉ Gertrude.	mar. 17 s. Anicet, p.	jeu. 17 ASCENSION.	D. 17 s. Avit.
jeu. 18 Ch. de s. P.	D. 18 QUINQUAGESIM	D. 18 LÆTARE	mer. 18 s. Apollonius.	ven. 18 s. Théodote.	lun. 18 s. Amand.
ven. 19 s. Sulpice, é.	lun. 19 s. Boniface.	lun. 19 s. Joseph.	jeu. 19 s. Elphège.	sam. 19 s. Yves.	mar. 19 ss. Gerv. Pr.
sam. 20 s. Sébastien.	mar. 20 s. Eucher.	mar. 20 s. Joachim.	ven. 20 s. Anselme.	D. 20 s. Bernardin.	mer. 20 s. Silvère.
D. 21 sᵉ Agnès, m.	mer. 21 CENDRES.	mer. 21 s. Bénoît.	sam. 21 s. Opportune	lun. 21 s. Hospice.	jeu. 21 s. Eusèbe.
lun. 22 s. Vincent.	jeu. 22 Ch. s. P. à A.	jeu. 22 s. Wulfran.	D. 22 I des C. S. m	mar. 22 sᵉ Julie.	ven. 22 s. Paulin.
mar. 23 s. Ildefonse.	ven. 23 s. Dosithe.	ven. 23 s. Sérapion.	lun. 23 s. George.	mer. 23 s. Didier.	sam. 23 s. Lanfranc.
mer. 24 s. Babylas.	sam. 24 s. Mathias.	sam. 24 sᵉ Cath. de S.	mar. 24 s. Beuve.	jeu. 24 s. Donatien.	D. 24 N. de s. J. B.
jeu. 25 C. de s. Paul.	D. 25 QUADRAGESIM	D. 25 PASSION.	mer. 25 s. Marc.	ven. 25 s. Urbain.	lun. 25 s. Prosper.
ven. 26 sᵉ Paule.	lun. 26 s. Alexandre	lun. 26 ANNONCIAT.	jeu. 26 s. Clet.	sam. 26 s. Ph. de N.	mar. 26 s. Babolein.
sam. 27 s. Julien, m.	mar 27 sᵉ Honorine.	mar. 27 s. Ludger.	ven. 27 s. Polycarpe	D. 27 PENTECOT.	mer. 27 s. Crescent.
D. 28 s. Charlem.	mer. 28 IV Temps.	mer. 28 s. Rupert.	sam. 28 s. Vital.	lun. 28 s. Germain.	jeu. 28 s. Irénée.
lun. 29 s. Franç. de S		jeu. 29 s. Gontran.	D. 29 sᵉ Marie, ég.	mar. 29 s. Maximin.	ven. 29 s. Pierre.
mar. 30 sᵉ Bathilde.	Nombre d'Or, 7.	ven. 30 COMPASSION.	lun. 30 s. Eutrope.	mer. 30 IV Temps.	sam. 30 C. de s. Paul.
mer. 31 s. Pierre.	Epacte VI.	sam. 31 sᵉ Balbine.	Cycle solaire. 40.	jeu. 31 sᵉ Pétronille.	Indiction romain. 7
☾ le 2. ⊙ le 8. ☽ le 16. ● le 24. ☾ le 31.	⊙ le 7. ☽ le 15 ● le 23,	☾ le 2. ⊙ le 9. ☽ le 17. ● le 24. ☾ le 31.	⊙ le 7. ☽ le 15. ● le 23. ☾ le 29.	⊙ le 7. ☽ le 15. ● le 22. ☾ le 28.	⊙ le 5. ☽ le 13. ● le 20 ☾ le 27.

JUILLET.

D.	1	s. Martial.
lun.	2	Vis. de N.-D
mar.	3	s. Anatole.
mer.	4	Tr. de S. M.
jeu.	5	s^e Zoé.
ven.	6	s. Tranquill.
sam.	7	s^e Aubierge
D.	8	Fête du S. C
lun.	9	s^e Victoire.
mar.	10	s^e Félicité.
mer.	11	Tr s. Bénoît.
jeu.	12	Tr de s. P.
ven.	13	s. Turiaf.
sam.	14	s. Bonaventu
D.	15	s. Henri.
lun.	16	N. D. du M.C
mar.	17	s. Spérat.
mer.	18	s. Thom. d'A
jeu-	19	s. Vinc.de P.
ven.	20	s^e Marguerit.
sam.	21	s. Victor.
D.	22	s^e Mar.-Magd
lun.	23	s. Apellinair.
mar.	24	s^e Christine.
mer.	25	s. Jacques.
jeu.	26	s. Joachim.
ven.	27	s. Pantaléon.
sam.	28	s. Samson.
D.	29	s. Loup.
lun.	30	s. Igna. de L
mar.	31	s. Germ. d'A.

☺ le 5. ☽ le 13. ● le 19. ☾ le 27.

AOUT.

mer.	1	s. Pierre ès-L.
jeu.	2	s. Etienne, p.
ven.	3	Inv. s. Etien.
sam.	4	s. Dominique
D.	5	s. Yon.
lun.	6	Tr. de N. S.
mar.	7	s. Gaétan.
mer.	8	s. Justin.
jeu.	9	s. Romain.
ven.	10	s. Laurent.
sam.	11	Susc. s^e Cou.
D.	12	s^e Claire.
lun.	13	s. Hippolyte
mar.	14	s. Eusèbe, m.
mer.	15	ASSOMPT.
jeu.	16	s. Roch.
ven.	17	s. Mammès.
sam.	18	s^e Hélène.
D.	19	s. Louis, év.
lun.	20	s. Bernard.
mar.	21	s. Privas.
mer.	22	s. Symphor.
jeu.	23	s. Sidoine.
ven.	24	s. Barthélem
sam.	25	s. Louis.
D.	26	s. Zéphirin.
lun.	27	s. Césaire.
mar.	28	s. Merry.
mer.	29	s. Augustin.
jeu.	30	s. Fiacre.
ven.	31	s^e Isabelle.

☺ le 4. ☽ le 11. ● le 18. ☾ le 25.

SEPTEMBRE.

sam.	1	s. Leu, s. Gill.
D.	2	s. Lazare.
lun.	3	s. Grég. le g..
mar.	4	s^e Rosalie.
mer.	5	s. Bertin.
jeu.	6	s. Eleuthère.
ven.	7	s. Cloud.
sam.	8	N. de la s. V.
D.	9	s. Omer.
lun.	10	s^e Pulchérie.
mar.	11	s. Hyacinthe.
mer.	12	s. Raphaël.
jeu.	13	s. Maurille.
ven.	14	Ex. s^e Croix.
sam.	15	s. Nicomède.
D.	16	s^e Euphémie.
lun.	17	s. Lambert.
mar.	18	s. Jean Chrys
mer.	19	IV Temps.
jeu.	20	s. Eustache.
ven.	21	s. Matthieu.
sam.	22	s. Maurice.
D.	23	s^e Thècle.
lun.	24	s. Corneille.
mar.	25	s. Firmin.
mer.	26	s^e Justine.
jeu.	27	ss. Côm. et D.
ven.	28	s. Céran.
sam.	29	s. Michel.
D.	30	s. Jérôme.

Lettre Dominicale.

☺ le 2. ☽ le 9. ● le 16. ☾ le 24.

OCTOBRE.

lun.	1	s. Remi.
mar.	2	ss. Anges.
mer.	3	s. Denis, ar.
jeu.	4	s. Franç. d'A.
ven.	5	s^e Aure.
sam.	6	s. Bruno.
D.	7	s. Serge.
lun.	8	s^e Brigitte.
mar.	9	s. Denis.
mer.	10	s. Franç. B.
jeu.	11	s. Nicaise.
ven.	12	s. Wilfrid.
sam.	13	s. Edouard.
D.	14	s. Calixte.
lun.	15	s^e Thérèse.
mar.	16	s. Gal.
mer.	17	s. Cerbon.
jeu.	18	s. Luc, év.
ven.	19	s. Savinien.
sam.	20	s. Sendou.
D.	21	s^e Ursule.
lun.	22	s. Mellon.
mar.	23	s. Hilarion.
mer.	24	s. Magloire.
jeu.	25	s. Crépin s. C
ven.	26	s. Rustique.
sam.	27	s. Frumence.
D.	28	s. Simon s. J
lun.	29	s. Faron.
mar.	30	s. Lucain.
mer.	31	s. Quentin.

☺ le 2. ☽ le 9. ● le 16. ☾ le 24. ☺ le 30.

NOVEMBRE.

jeu.	1	TOUSSAINT.
ven.	2	Trépassés.
sam.	3	s. Marcel.
D.	4	s. Charles B.
lun.	5	s^e Bertille.
mar.	6	s. Léonard.
mer.	7	s. Willibrord
jeu.	8	s^{tes} Reliques.
ven.	9	s. Mathurin.
sam.	10	s. Léon le gr.
D.	11	s. Martin.
lun.	12	s. René.
mar.	13	s. Homobon.
mer.	14	s. Maclou.
jeu.	15	s. Eugène.
ven.	16	s. Edme.
sam.	17	s. Aignan
D.	18	s. Odon.
lun.	19	s^e Elisabeth.
mar.	20	s. Edmond.
mer.	21	Pr. de la s^e V.
jeu.	22	s^e Cécile.
ven.	23	s. Clément.
sam.	24	s. Chrysog.
D.	25	s^e Catherine.
lun.	26	s^e Geneviève.
mar.	27	s. Lin.
mer.	28	s. Virgile.
jeu.	29	s. Saturnin.
ven.	30	s. André. Av.

☽ le 7. ● le 14. ☾ le 23. ☺ le 30.

DÉCEMBRE.

sam.	1	s. Eloi.
D.	2	AVENT.
lun.	3	s. Franç.-X.
mar.	4	s^e Barbe.
mer.	5	s. Sabas.
jeu.	6	s. Nicolas.
ven.	7	s^e Fare.
sam.	8	CONCEPTION.
D.	9	s^e Gorgonie.
lun.	10	s. Valère.
mar.	11	s. Fuscien.
mer.	12	s. Damase.
jeu.	13	s^e Suce.
ven.	14	s. Nicaise.
sam.	15	s. Mesmin.
D.	16	s^e Adélaïde.
lun.	17	s^e Olympe.
mar.	18	s. Gatien.
mer.	19	IV. Temps.
jeu.	20	s^e Philogone.
ven.	21	s. Thomas.
sam.	22	s. Ischyrion.
D.	23	s^e Victoire.
lun.	24	s. Delph. V. J.
mar.	25	NOEL.
mer.	26	s. Etienne.
jeu.	27	s. Jean, ap.
ven.	28	ss. Innocents
sam.	29	s. Thom. de C
D.	30	s^e Colombe.
lun.	31	s. Sylvestre.

☽ le 6. ● le 14. ☾ le 22. ☺ le 29.

RÉVOLUTION

DE PARIS

22, 23, ET 24 FEVRIER 1848.

Prix : **25** *centimes.*

PARIS

BARBA,
4 *bis*, Rue de la Paix.

GARNOT,
7, Rue Pavée-Saint-André-des-Arts

1848

RÉVOLUTION

DE PARIS

22, 23 ET 24 FÉVRIER 1848.

Une réaction du principe républicain vient de renverser le trône élevé, avec son appui, en juillet 1830. Esquisser à grands traits les événements qui se sont accomplis avec une effrayante rapidité dans les journées des 22, 23 et 24 février jusqu'à la proclamation de la république, reproduire les épisodes les plus saisissants de ce dernier combat entre la royauté et la démocratie, tel est notre but. Nous voulons raconter des faits; il ne nous appartient pas de les juger.

Depuis plusieurs années, l'opposition, dans la chambre des députés, réclamait en vain une double réforme : la réforme électorale et la réforme parlementaire; ces propositions avaient été constamment repoussées par le ministère Guizot et la majorité, sous divers prétextes.

L'opposition fait appel au pays; soixante banquets, environ, ont lieu dans les principales villes de France; les députés opposants, réunis aux citoyens, y plaident la cause de la réforme. M. Guizot avait donné l'exemple de ces réunions en assistant au banquet de Lisieux.

La discussion de l'adresse excite au plus haut point l'attention publique; les esprits s'agitent; une commission est chargée d'organiser un banquet réformiste dans le douzième arrondissement pour maintenir le droit de réunion attaqué par le ministère, et protester contre le vote de la majorité qui a consacré ces mots imprudents du discours de la couronne : *Les passions ennemies ou aveugles.* Ce banquet doit avoir lieu le 22 février. Le 21, la commission publie un manifeste qui indique aux citoyens le lieu de réunion, les invite à ne pas troubler l'ordre, et fait dans ce but un appel aux gardes nationaux : ils doivent se présenter sans armes.

Pendant la nuit du 21 au 22, un arrêté de la préfecture de police est affiché sur les murs de Paris : cet arrêté, se fondant principalement sur les lois de 1790 et 1791, invoquées par les ministres dans la discussion de l'adresse, porte interdiction de la réunion et du banquet projetés. Des mesures sont prises à cet effet. Dès-lors la lutte est engagée.

Les journaux du 22 février font connaître le défi lancé par le ministère et la réponse de l'opposition; cette réponse est un nouveau manifeste adressé à tous les citoyens : les députés opposants font ressortir le caractère de la résolution tardive prise par le gouvernement, en la rapprochant des intentions qu'il avait manifestées d'abord; ils ajournent l'exercice du droit de réunion, pour ne pas exposer la vie des citoyens; mais un acte d'accusation sera déposé contre le ministère.

Cette journée du 22 février présente le tableau confus d'une agitation vague et sans but arrêté, du moins en apparence. Les troupes occupent tous les points principaux de la capitale; dès dix heures du matin, la foule, qui grossit à vue d'œil, encombre les abords de la chambre des députés, le pont et la place de la Concorde, la rue Royale et la place de la Madeleine. Les élèves des écoles se présentent à la chambre. Les troupes les couchent en joue; ces jeunes gens découvrent leurs poitrines et disent aux soldats : « Tuez-nous ! » Ils voient les fusils se relever devant eux, et passent librement.

Vers midi, les gardes municipaux balayent la foule qui couvre le pont de la Concorde; les dragons parcourent au grand galop la contre-allée des Champs-Elysées, des huées et des sifflets accueillent la garde municipale; un cabriolet est renversé. Plusieurs charges ont lieu, une dame âgée reste sur la place; un ouvrier, atteint d'un coup de sabre, est transporté au café des Ambassadeurs.

De pareils faits se passaient devant l'hôtel du ministère des affaires étrangères. On poursuit à coups de pierres un homme désigné comme un agent de la police secrète. Des gardes municipaux à cheval chargent le peuple; un homme reçoit un coup de pied de cheval qui lui fait à la tête une large plaie.

Les portes du ministère étaient fermées; on cherche à les enfoncer à l'aide de pinces et de bâtons; on brise les vitres à coups de pierres. De tous côtés s'élèvent ces cris : « A bas Guizot! A bas l'homme de Gand! » Un garde municipal à cheval, qui porte des ordres, veut sortir de l'hôtel; assailli par les pierres, il est obligé de rentrer dans la cour. Des forces imposantes arrivent bientôt, et dès-lors, l'hôtel de la rue des Capucines est occupé militairement; les soldats de la ligne s'étendent sur toute la chaussée du boulevard, jusqu'à la rue Neuve-Saint-Augustin; le jardin de l'hôtel sert de rempart aux troupes. Enfin une escouade de gardes municipaux à cheval vient se ranger devant la porte. Il n'y eut plus d'agression sur ce point.

Vers une heure et demie, sur la place de la Bastille, un homme signalé au peuple comme un sergent de ville déguisé reçoit un coup de couteau dans le côté, et tombe sous le bâton. A une faible distance, se trouvait un corps de garde de troupes municipales; les soldats ne sont intervenus que pour relever le malheureux abandonné sur le pavé.

Vers deux heures, les boutiques étaient encore ouvertes au Palais-Royal et dans les quartiers environnants. Elles se sont fermées devant un rassemblement de deux ou trois cents individus qui s'est dirigé vers la place de la Bourse, par la rue Saint-Honoré et la rue Vivienne, en chantant la *Marseillaise* et le *chœur des Girondins*. Ces hommes ont pillé une voiture de bois, arrêtée devant la porte d'un boulanger. Les sentinelles de la Bourse se sont repliées à leur approche; ils ont continué leur marche et se sont dirigés, par les boulevards, vers la place de la Bastille.

Vers deux heures et demie, une centaine d'hommes en blouse construisent dans les Champs-Élysées, près du Cours-la-Reine, deux barricades avec des bancs et des chaises. Cette troupe sans armes cerne un poste de six hommes, qui se retranchent dans le corps-de-garde et ferment la grille. Un ouvrier l'escalade audacieusement, son exemple est suivi, et le peuple pénètre par une fenêtre. Il s'empare du poste sans résistance, et veut y mettre le feu.

Ces événements jettent l'alarme parmi la foule qui assiége le boulevard; presque toutes les boutiques sont fermées. Il est trois heures.

On essaie dans la rue de Rivoli, dans la rue Saint-Honoré et dans les rues adjacentes, de construire des barricades. Les omnibus, les voitures sont arrêtés, les pavés soulevés. L'arrivée des troupes rétablit bientôt la circulation. Des enfants de douze à quinze ans invitaient, avec une sorte de politesse, les personnes qui circulaient en voiture, à descendre, et aussitôt la barricade se formait; les pavés soulevés par des barres de fer s'amoncelaient.

Des gardes municipaux à cheval ont fait des charges jusque dans la rue Basse-du-Rempart. La foule affluait toujours par les escaliers du boulevard, et de nouveaux groupes se formaient derrière les gardes municipaux. Plusieurs magasins d'armuriers ont été forcés; on y a trouvé seulement quelques fusils et des lames de sabre.

Le peuple était dans la rue, et à la chambre on discutait la prorogation des priviléges de la banque de Bordeaux.

A la fin de la séance, M. Odilon Barrot a déposé un acte d'accusation contre le ministère, comme coupable d'avoir trahi au dehors les intérêts de la France, faussé les principes de la constitution, trafiqué des fonctions publiques, ruiné les finances de l'État, attenté aux droits des citoyens. Parmi les signataires, on remarque MM. Odilon Barrot, Duvergier de Hauranne, Dupont (de l'Eure), L. de Malleville, Garnier Pagès, Crémieux, etc.

A six heures seulement, le rappel destiné à rassembler la garde nationale est battu dans les divers quartiers. Un petit nombre de gardes nationaux répond à cet appel. Dans la 2e légion, sur 8,000 hommes, 554 seulement se sont rendus à la mairie; la proportion a été la même dans la 1re et dans la 3e légion.

Vers huit heures, une colonne composée de plus de deux mille personnes, mal armées, se porte sur le quartier du Marais. Sur la route, des hommes frappent aux portes des maisons, s'y introduisent et s'emparent des armes qui s'y trouvent. Ils se répandent dans les rues qui aboutissent à la rue Saint-Louis, et des barricades sont élevées. Les troupes cernent bientôt ce quartier de tous côtés.

Quelques engagements ont lieu pendant la nuit sur divers points. Des canons sont amenés de Vincennes et mis en batterie sur la place du Carrousel, sur la place de la Concorde, sur les quais, dans la rue des Coquilles, près de l'Hôtel de-Ville et dans la rue de la Verrerie.

De son côté, le peuple n'est pas resté inactif; partout s'élèvent des barricades.

A sept heures, le rappel est battu dans tous les quartiers; la garde nationale s'empresse de se réunir. La foule se porte aux Champs-Élysées ; à neuf heures, des rassemblements se sont formés sur les boulevards Bonne-Nouvelle, Saint-Denis, du Temple et dans les rues adjacentes. D'autres rassemblements partis du Panthéon se dirigent vers la rue Saint-Martin. Le peuple s'empare des postes de la rue Geoffroy-L'Angevin et de la rue Sainte-Croix-de-la-Bretonnerie; il se procure ainsi des armes, et le combat s'engage. Pendant une partie de la journée, le peuple, retranché derrière les barricades, répond au feu des troupes.

Ici commence véritablement le rôle de la garde nationale;

son attitude va diminuer, du moins pour un moment, les dangers de la situation; les citoyens, tout en insistant sur la nécessité des réformes, vont s'interposer entre le peuple et la force armée.

La 2e légion s'est réunie en assez grand nombre; aux exhortations de son colonel, elle répond par la promesse de maintenir l'ordre, mais aussi par une énergique protestation contre la politique du ministère et par le cri de *Vive la réforme!* Ces manifestations engagent le lieutenant-colonel, M. Baignères, à se rendre auprès du duc de Nemours; cet officier fait connaître au duc les dispositions de sa légion, et lui dit qu'il ne peut plus en répondre, si les concessions demandées par l'opinion publique ne sont pas obtenues.

La 3e légion est également assez nombreuse; elle s'est réunie de bonne heure sur la place des Petits-Pères, où est située la mairie du troisième arrondissement. Chaque nouveau peloton signale son arrivée par les cris de *Vive la réforme! à bas les ministres!* A onze heures, un groupe nombreux, mais inoffensif, s'était formé sur la place; un peloton de garde municipale s'avançait au pas de course par la rue des Petits-Pères; le dévouement d'un officier de la garde nationale, M. Degousée, empêcha l'effusion du sang. Cet officier écarta les baïonnettes au péril de ses jours; les gardes municipaux exaspérés refusaient de l'entendre. Deux baïonnettes menaçaient sa poitrine; les gardes nationaux accoururent et parvinrent à le dégager. Enfin, cédant à leurs prières, l'officier de la garde municipale fit rentrer ses soldats dans leur caserne. Le colonel de la 3e légion, M. Besson, pair de France, se rendit auprès de M. le général Jacqueminot, et lui fit part des vœux émis par la garde nationale. Le général en chef promit de se faire l'interprète de la 3e légion auprès du roi.

Des patrouilles de gardes nationaux, suivies par la foule, parcouraient ce quartier en criant *A bas les ministres! vive la réforme!* A deux heures et demie un général d'état-major de la garde nationale annonça officiellement la démission du ministère.

Sur d'autres points, l'intervention de la garde nationale a préservé des citoyens inoffensifs. Rue des Jeûneurs, à onze heures, deux compagnies de la ligne, qui venaient d'enlever une barricade au coin de la rue de Cléry et de la rue Poissonnière, se précipitaient, la baïonnette au bout du fusil, sur les groupes sans défense. Un homme venait d'être renversé et foulé aux pieds. Sur les instances de M. Perrée, capitaine de la 2e légion, le capitaine a arrêté sa compagnie, et lui a fait mettre l'arme au bras. La foule a pu se dissiper sans danger.

Vers trois heures et demie, quatre à cinq cents gardes nationaux de la 4e légion, parmi lesquels on comptait vingt-cinq officiers, se sont présentés, sans armes, chez M. Crémieux. Une foule immense les accompagnait; cette manifestation s'est faite avec beaucoup de calme; M. Crémieux était à la chambre : les gardes nationaux s'y sont rendus; mais, arrêtés sur le pont de la Concorde par un détachement de la 10e légion, ils ont dû envoyer leurs pétitions à M. Crémieux; ce dernier, accompagné de MM. Marie et Beaumont (de la Somme), a quitté la séance pour répondre aux pétitionnaires. Il les a harangués sur le pont, pour les exhorter à empêcher l'effusion du sang, et leur a promis de présenter les pétitions à la chambre. Sur l'invitation de M. Marie, les gardes nationaux se sont retirés avec beaucoup d'ordre.

A la chambre, M. Vavin demandait l'autorisation d'interpeller le ministère sur la situation de la capitale. L'honorable député s'est plaint de la convocation tardive de la garde nationale; il a demandé si l'ordre de la réunir n'avait pas été donné le lundi matin, et s'il était vrai que dans la nuit du lundi au mardi cet ordre eût été rapporté. M. Guizot a répondu qu'il ne jugeait pas à propos d'entrer dans aucun débat sur ces interpellations; il a annoncé que le Roi avait fait appeler M. Molé pour le charger de former un nouveau cabinet. La chambre, vivement émue, a maintenu à l'ordre du jour des bureaux l'examen des propositions d -posées contre les ministres, malgré les observations de M. Dupin, qui a insisté sur la nécessité de rétablir l'ordre, et sur les dangers d'une discussion aussi irritante. M. Odilon-Barrot s'était soumis d'avance au vote de la majorité. La séance a été levée au milieu d'une vive agitation. A la chambre des pairs, MM. de Boissy et d'Alton-Shée ont voulu interpeller les ministres : la chambre ne les a pas écoutés.

A quatre heures la chute du ministère était connue de tout le monde; cette nouvelle mit fin à la lutte. Cependant à sept heures et demie du soir, un combat avait encore lieu rue Bourg-l'Abbé, entre le peuple et cent cinquante gardes municipaux. Cernés par la garde nationale, ils lui ont remis leurs armes.

A quatre heures et demie, la 5e légion avait fait cesser un engagement du même genre, dans la rue du Faubourg-Saint-Martin.

Sur tous les autres points les troupes avaient disparu ; à cinq heures et demie, on circulait librement dans les rues de la capitale. Le calme paraissait renaître; l'heureuse nouvelle était répétée dans tous les groupes. Plus de barricades. Le peuple était mêlé aux gardes nationaux. A huit heures, les fenêtres étaient illuminées. Paris avait un air de fête. Les personnes, que les événements de la journée avaient confinées dans leurs demeures, sortaient pour jouir de ce coup-d'œil. Il y avait eu à la Bourse une hausse de 40 centimes sur la rente.

A neuf heures, un rassemblement se porte sur la place Vendôme, sous les fenêtres de M. Hébert, ministre de la justice. Plus de huit mille personnes prennent part à cette démonstration ; on crie : *A bas Hébert! A bas l'inventeur de la complicité morale!* On demande que toutes les fenêtres soient illuminées.

A dix heures, tout change d'aspect. Le bruit de la fusillade se fait entendre, et tout le monde est saisi d'effroi. Un attroupement, venant des boulevards, s'est présenté au ministère des affaires étrangères; on ne veut pas lui livrer passage; la troupe de ligne tire à bout portant sur la foule, qui fuit dans toutes les directions; plus de quarante personnes restent sur le pavé, et quand leurs cadavres auront été enlevés, une mare de sang attestera leur passage.

Les cris de *Vengeance! Aux armes!* retentissent aussitôt. Le peuple place les morts dans des tombereaux, et les promène dans toute la ville à la lueur des torches. L'exaspération des esprits est à son comble. Les barricades semblent sortir de dessous terre. Dans toutes les maisons, le peuple demande des armes, tout lui semblera bon. Les arbres des boulevards sont tombés sous la hache, et le matin dix-huit barricades ont été élevées depuis la Madelaine jusqu'à la Bastille. Quelques-unes ont douze pieds de haut. Le peuple n'a pas rencontré d'obstacle.

A neuf heures les troupes de ligne reçoivent l'ordre de se retirer dans leurs casernes. M. Molé n'accepte plus la mission qui lui était confiée; MM. Thiers et Odilon-Barrot sont appelés auprès du Roi. Une proclamation préparée par eux était imprimée à la hâte, affichée et déchirée aussitôt.

M. Emile de Girardin avait préparé une autre proclamation: abdication du roi, régence de Mme la duchesse d'Orléans, dissolution de la chambre, amnistie générale. Le peuple combattait.

Vers sept heures du matin, un feu de peloton s'était fait entendre sur le boulevard, à la hauteur du faubourg Montmartre.

A huit heures, des engagements meurtriers avaient lieu sur le boulevard Saint-Denis. Les troupes casernées au haut du faubourg Poissonnière ont été désarmées par le peuple. La garde nationale est avec lui.

Les derniers efforts du peuple se concentrent sur les Tuileries et le Palais-Royal. A une heure de l'après-midi, le roi sort à pied de son Palais; il s'appuie sur le bras de la reine; il est entouré de gardes nationaux à cheval, d'aides-de-camp et d'officiers de service. Ce cortége est arrêté par les mouvements de la foule. Une petite voiture basse attelée d'un cheval reçoit

Louis-Philippe et la reine Marie-Amélie, et les emporte vers Saint-Cloud.

La place qu'ils venaient de quitter devait encore être arrosée de sang. Des chefs de la garde nationale circulent parmi les troupes stationnées depuis le matin sur la place, et les engagent à se retirer, pour éviter une nouvelle collision avec le peuple. Des gardes municipaux, retranchés dans un des postes situés aux angles de la place, ne veulent pas céder et tirent par les fenêtres.

Des citoyens, des gardes nationaux tombent pêle-mêle ; le peuple furieux envahit le poste ; il met le feu au corps-de-garde : en un quart-d'heure tout est fini.

Une lutte plus terrible encore se préparait au poste du Château-d'Eau, sur la place du Palais - Royal, défendu par 184 hommes du 14ᵉ de ligne. Le chef de bataillon refuse de se rendre ; il est tué d'un coup de baïonnette. Le combat se prolonge pendant deux heures. Enfin le poste est incendié.

Le général Lamoricière est légèrement blessé au bras et à la poitrine.

Aux Tuileries ! s'écrie le peuple, et il est sur la place du Carrousel, mais le château est ouvert. Le duc de Nemours, prévenu par un lieutenant de la garde nationale, avait fait retirer les troupes, trois mille hommes d'infanterie, six pièces de canon en batterie, deux escadrons de dragons, etc. ; assez de sang venait d'être répandu. Quelques instants après, le peuple apparaissait à toutes les fenêtres des Tuileries.

Le dernier acte de ce drame terrible se passe au Palais-Bourbon. A une heure et demie, trois cents députés sont réunis. La duchesse d'Orléans se rend à pied à la chambre avec ses deux enfants ; elle est escortée par un grand nombre de gardes nationaux ; elle prend place avec ses deux fils sur des fauteuils placés au pied de la tribune. Des généraux, des aides-de-camp les entourent ; M. le duc de Nemours est devant elle en uniforme de lieutenant-général. Un grand nombre de députés font entendre les cris de : *Vive la duchesse d'Orléans! Vive le comte de Paris! Vive la Régence!*

Les gardes nationaux et les citoyens armés envahissent les couloirs.

M. Dupin monte à la tribune: Le roi a abdiqué en faveur de son petit-fils; Mme la duchesse est régente. M. Dupin demande que la chambre fasse inscrire au procès-verbal les acclamations qui ont salué le comte de Paris comme *roi de France* (*textuel*), et Mme la duchesse d'Orléans comme régente, sous la garantie du vœu national. Des réclamations s'élèvent aux deux extrémités de la chambre. M. Marie monte à la tribune. Sur les observations du président, Mme la duchesse d'Orléans et ses enfants se retirent sur les bancs supérieurs du centre. M. Marie demande un gouvernement provisoire; une loi a déjà statué sur la régence. M. Crémieux appuie cette opinion. On s'est trop hâté en 1830; il a fallu recommencer en 1848. Il a conduit la famille royale *jusqu'aux voitures qui l'emportent dans son voyage.* Il demande l'institution d'un gouvernement provisoire composé de cinq membres. M. de Genoude insiste pour que la nation soit convoquée; il n'y a rien sans le consentement du peuple. M. Odilon Barrot dit que le devoir est tout tracé; la couronne de juillet repose sur la tête d'un enfant et d'une femme. Il parle de prétentions rivales, de la guerre civile. M. de la Rochejaquelin est à la tribune; il veut que la nation soit convoquée. En ce moment, une foule de gardes nationaux et de citoyens armés envahit l'hémicycle; le plus grand tumulte règne dans l'assemblée; le président se couvre. La princesse, les princes et ceux qui les accompagnaient sortent par la porte qui fait face à la tribune. Des orateurs étrangers à la chambre parlent successivement. Beaucoup de députés se retirent. M. Ledru-Rollin réclame le silence; il proteste au nom du peuple contre la régence qu'on vient d'essayer d'introniser; un gouvernement provisoire doit être nommé par le peuple. Un appel immédiat à une Convention régularisera ses droits. M. de Lamartine succède à M. Ledru-Rollin; le malheur d'une princesse auguste reçoit de lui ce dernier hommage que les poëtes savent si bien rendre aux grandes infortunes. Mais le peuple combat depuis trois jours; une acclamation spontanée ne peut pas constituer un gouvernement de 35 millions d'hommes; il faut descendre dans le fond même du peuple pour en extraire le grand mystère du droit national. Un gouvernement provisoire, ne préjugeant rien sur le gouvernement définitif qu'il plaira au pays de se donner, aura pour mission de rétablir l'ordre et de convoquer la nation. Pendant le discours de M. de Lamartine, les tribunes sont envahies par le peuple; un homme menace de tirer dans la direction du bureau. M. Sauzet n'ayant pas réussi à obtenir le silence, déclare la séance levée, et quitte le fauteuil. Un certain nombre de députés de la gauche reste dans la salle avec le peuple. M. Dupont (de l'Eure) remplace M. Sauzet. M. de Lamartine annonce qu'un gouvernement provisoire va être proclamé nominativement. M. Dupont (de l'Eure) lit successivement les noms de Lamartine, Ledru-Rollin, Arago et Dupont (de l'Eure); le nom de Marie est accueilli par des *oui* et par des *non*. M. de Lamartine sort de la chambre, accompagné d'un grand nombre de citoyens pour se rendre à l'Hôtel-de-Ville. Après son départ, le tumulte continue. M. Ledru-Rollin fait un nouvel appel des noms déjà proclamés, pour les soumettre au peuple. Les noms de Garnier-Pagès et de Marie soulèvent des cris de *oui* et *non*. Crémieux est porté sur la liste. M. Ledru-Rollin ajoute qu'on va être obligé de lever la séance pour se rendre au sein du gouvernement. On crie : *Vive la République! A l'Hôtel-de-Ville!* M. Ledru-Rollin se retire. Après son départ, l'attention du peuple se porte sur le grand tableau qui représente la prestation du serment de Louis-Philippe. Deux coups de feu sont tirés dans le tableau. Un ouvrier tapissier, nommé Théodore Six, s'élance à la tribune; il demande que le peuple respecte les monuments et honore sa victoire! On l'applaudit. Tout le monde se retire.

Il est quatre heures passées.

« Les 23 et 24 février, il a été élevé dans Paris 1,512 barricades, presque entièrement concentrées entre la Cité, la Madeleine, la barrière des Martyrs, le canal Saint-Martin, sur la rive droite, et autour de la Cité, sur la rive gauche; elles s'étendaient en outre dans toutes les rues conduisant aux barrières.

« On a calculé que chaque barricade a employé, en moyenne, 845 pavés; de sorte que le peuple a arraché en quelques heures 1,277,640 pavés.

« On a en outre renversé 4,013 arbres; on a brisé ou endommagé 3,704 appareils d'éclairage, savoir : 227 candélabres, 11 consoles, 890 lanternes brisées, et 2,576 lanternes dont les verres ont été cassés.

« Enfin on a brûlé ou détruit 53 corps-de-gardes, 71 bureaux de surveillants des voitures de place, 41 bureaux d'octroi, 41 guérites, 104 colonnes d'affichage, 292 bancs; total ; 603.

« Dans ce calcul ne sont pas comprises les grilles qui ont été arrachées pour faire des armes ou compléter des barricades, comme à la Bourse, à l'Assomption, au ministère de la marine, à Notre-Dame-de-Lorette, etc. »

—Le *Messager* publie le texte même de l'*abdication du roi Louis-Philippe*, signé aux Tuileries, le 24 février.

« Nous donnons, dit ce journal, cette copie d'après l'original même, sur lequel nous l'avons transcrite *textuellement.*

ACTE AUTOGRAPHE D'ABDICATION DU ROI LOUIS-PHILIPPE.

J'abdique cette couronne que la voix nationale m'avait appelée (sic) *à porter, en faveur de mon petit fils le comte de Paris.*

Puisse-t-il réussir dans la grande tâche qui lui échoit aujourd'hui.

24 *février* 1848. LOUIS-PHILIPPE.

Cette pièce importante a été arrachée, aux Tuileries, des mains du général qui allait la présenter au peuple, par le citoyen Charles Lagrange, de Lyon, qui a crié en s'en emparant : *Pas de Régence! Plus de Roi! Vive la République!* Elle est écrite sur un carré de papier irrégulier et elle avait été pliée en quatre avant d'avoir été complétement séchée; elle est maculée de *duplicata* en quelques endroits.

Paris. — Imprimerie Bonaventure et Ducessois,
55, quai des Grands-Augustins, près le Pont-Neuf.

RÉVOLUTION

DE BERLIN.

RÉCIT COMPLET DES ÉVÉNEMENTS.

Prix : 25 centimes.

PARIS.

BARBA, 4 BIS, RUE DE LA PAIX.

GARNOT, 7, RUE PAVÉE SAINT-ANDRÉ.

1848.

SAINT-CLOUD. — IMPRIMERIE DE BELIN-MANDAR.

LA

RÉVOLUTION DE BERLIN.

Dans les révolutions, deux choses surtout sont à considérer. Ces deux choses sont : les idées, qui les précèdent et leur survivent jusqu'à ce que le but soit atteint; les faits, soumis aux lois d'une constante instabilité.

Les changements apportés dans l'étendue territoriale des Etats appartiennent à l'ordre des faits ; les modifications introduites dans l'esprit des nations, et, par suite, dans la forme des gouvernements, résultent plus immédiatement des idées.

Trois fois, dans le cours des siècles, la France a été la puissance prépondérante, la suprême régulatrice en Europe : sous Charlemagne, sous Louis XIV, sous Napoléon. L'empire, qu'il ne faut regarder ici que comme un temps d'arrêt dans la marche des idées de la révolution française, ne fut en effet qu'un acte du grand drame moderne. Alors les faits triomphèrent et l'on vit sommeiller les idées; mais aussitôt que les faits que l'on devait croire accomplis se furent évanouis, les idées reprirent leur marche triomphale au milieu des obstacles.

Ainsi peuvent s'expliquer les événements prestigieux dont nous venons d'être témoins presque simultanément dans les diverses contrées de l'Europe et plus particulièrement dans celles dont le contact a été le plus immédiat et le plus prolongé avec la France impériale. Il était naturel qu'après avoir été associés aux faits, les peuples le fussent aux idées. C'est toujours, c'est partout la révolution française, mais modifiée selon le caractère des nations, selon la maturité des peuples, selon la plus ou moins grande aptitude des gouvernements préexistants à reconnaître les implacables lois de la nécessité et à s'y soumettre en temps opportun ; car, on a pu le remarquer, les gouvernements qui s'écroulent marquent toujours leur agonie par des concessions tardives auxquelles il n'est plus possible de supposer d'autre mobile que la peur ; or, la peur grossit le nombre des ennemis de tout ce qu'il y a d'hommes pusillanimes.

Ces observations préliminaires nous ont paru indispensables avant d'entrer dans le domaine des événements, non pas, certes, que nous ayons l'intention de les juger à la distance où nous en sommes, encore bien moins d'influer sur le jugement de nos lecteurs ; mais il est de ces spectacles auxquels il n'est pas possible d'assister de sang-froid, et dont on ne donnerait qu'une idée trop imparfaite si, en racontant les effets on élaguait les causes. Sans entrer dans aucune discussion sur la forme de gouvernement qui conviendra aux populations allemandes, sans peser les avantages pour elles, soit d'une république peut-être prématurée, soit d'une émancipation graduelle et d'abord restreinte, on peut cependant affirmer dès à présent que si la prédiction de Napoléon à Sainte-Hélène touche à son accomplissement, si l'Europe devient cosaque ou république, ce n'est pas cosaque qu'elle sera.

Voyez à ce propos quelle a été la marche progressive des idées révolutionnaires en Europe : la première révolution française n'y trouva que des ennemis ou des antagonistes ; en 1830, il y eut partage entre des indifférences prudentes et des velléités encore intempestives auxquelles même l'esprit de propagande, esprit inutile, sinon nuisible, ne fut peut-être pas étranger ; rien de cela au mois de février 1848.

Quand la révolution eut éclaté à Paris, au moment même où elle recevait l'adhésion de toute la France, elle trouvait des prosélytes et des imitateurs partout où la grande nouvelle en parvenait. Ainsi, elle a à peine franchi le Rhin, que, dès le 29 février, des troubles sérieux se manifestent à Carlsruhe et à Manheim. Des assemblées populaires se réunissent; de toutes parts on demande : l'armement du peuple avec l'élection libre de ses officiers, la création d'un jury à l'instar du jury d'Angleterre, l'établissement immédiat d'un parlement allemand, et surtout la grande liberté sans laquelle les autres libertés ne sont que des leurres, la liberté illimitée de la presse.

Toutes ces réclamations ont été accordées aux habitants du grand-duché de Bade, et ce fut le premier effet de la révolution du 24 février en Allemagne.

Pendant que ces choses se passaient sur la rive droite du Rhin, dans un pays limitrophe de la nouvelle république française, l'esprit de réforme radicale soufflait son influence conservatrice sur la Belgique. Le gouvernement belge souscrivait à des réclamations pareilles; la lutte déjà engagée se décidait comme par enchantement en faveur des droits humains, et le roi des Belges, Léopold, affermissait sur son front une couronne chancelante, par cela même qu'il paraissait ne vouloir faire aucun effort pour la conserver contre la volonté du peuple. Alors la Belgique adopta sérieusement le souverain qu'une ébauche de révolution lui avait imposée dix-huit ans auparavant.

On vit successivement et presque simultanément le flot des idées révolutionnaires produire les mêmes effets au cœur et dans tous les membres des royaumes et des principautés d'outre-Rhin à mesure qu'il y pénétra. L'obstination du roi de Hanovre fléchit devant l'instinct de conservation. Dans les deux Hesse, dans le duché de Brunswick, aussi bien qu'à Dresde, à Stuttgard et à Munich, la voix des peuples redemandant leurs libertés primitives fut entendue, et tout cela résultait d'un souffle venu de Paris sur les ailes de la Renommée.

La Bavière, il convient de le faire observer, se trouvait dans une condition exceptionnelle. Les fleurons de sa couronne avaient été récemment flétris par la main d'une courtisane. Le monarque était déconsidéré aux yeux de ses sujets, et cela à une époque où les princes auraient un si grand intérêt à s'environner de l'estime des peuples à défaut de leur amour. Ne pouvant purifier sa couronne, le roi voulut du moins la régénérer en la déposant sur la tête de son fils, qui l'accepta au milieu de tout un cortége de libertés promises.

Dans les diverses contrées de l'Allemagne que nous venons de parcourir à vol d'oiseau, les droits des peuples, ne trouvant presque point d'obstacles sérieux à combattre, purent s'établir et se faire reconnaître sans effusion de sang. Malheureusement il n'en fut pas de même dans la capitale des deux grandes puissances de l'Allemagne, la Prusse et l'Autriche. A Berlin et à Vienne la résistance arma la révolte; la révolte armée triompha, et le pouvoir dut céder sur des monceaux de cadavres ce qu'il lui aurait été si facile et si prudent de donner avant le combat; mais il était écrit que ces mots : *Il est trop tard*, relégués jusqu'ici dans le refrain d'une vieille chanson populaire, deviendrait partout la devise des gouvernements sourds à la voix des peuples.

L'immense importance des révolutions de Berlin et de Vienne, la place qu'elles doivent occuper dans l'histoire de notre miraculeuse époque, où les événements se dévorent au jour le jour; l'influence, déjà ressentie, qu'elles doivent exercer sur les destinées du monde, sur les errements prochains d'une politique toute nouvelle, nous font un devoir d'en consigner séparément les principales phases, non pas avec l'étendue qu'exigeraient de pareils événements, mais d'une manière tout à la fois rapide, succincte et aussi complète que possible. La révolution de Vienne aura son tour; aujourd'hui nous nous occuperons exclusivement de la révolution de Berlin.

Quand la première nouvelle de la révolution de Paris parvint à Berlin, elle y trouva les esprits déjà en fermentation. Dans cette occurrence, le gouvernement prussien se hâta de déclarer que s'il se préparait à la défensive en cas d'attaque, il n'entendait s'immiscer en rien dans les affaires intérieures de la France, libre de se choisir le gouvernement qui lui conviendrait le mieux. Cependant, ces mots enivrants, de triomphe populaire, de liberté, d'égalité, de fraternité, et bientôt après de république, venus de France en Prusse par la voie des journaux français, électrisèrent les sujets prussiens. La chute d'un roi que le monde entier accusait d'une outrecuidante duplicité quand il était sur le trône, et que l'on ne doit plus accuser de rien depuis qu'il est placé sous la sauve-garde du malheur; ce châtiment terrible descendu du ciel sur un vieillard et sa famille, tout cela porta les habitants de la Prusse, et notamment les habitants de Berlin, à faire un retour sur leur propre situation; ils se rappelèrent une foule de promesses de libertés toujours éludées aussitôt que données en pâture à la longanimité du peuple; ils se demandèrent si la bonne foi était assise sur le trône du grand Frédéric, ou si ce n'était pas plutôt une espèce de prince Pénélope, faisant avorter par d'obscurs subterfuges des concessions faites au grand jour. Ils se répondirent apparemment que ce n'était pas la bonne foi qui régnait en Prusse; telle est du moins la conclusion que l'on doit tirer des événements déplorables qui suivirent immédiatement.

Cependant, avant d'en venir à ces extrémités, dans une assemblée nombreuse, les habitants de Berlin avaient adressé une pétition à Frédéric-Guillaume; cette pétition roulait sur neuf points principaux, parmi lesquels on remarquait, comme dans les réclamations des Badois : la liberté de la presse sans restriction aucune, l'institution du jury et d'une magistrature indépendante; et en outre : la liberté de la parole, la liberté d'association, la réduction de l'armée, l'armement du peuple avec élection des grades, la représentation générale de l'Allemagne, la convocation immédiate de la diète, et enfin l'égalité des droits politiques pour toutes les confessions, pour tous les états, pour toutes les fortunes.

Le roi de Prusse ne s'était point opposé à cette réunion, pourvu qu'elle eût lieu d'une manière pacifique et légale; la pétition fut reçue. Il lui fut répondu par des promesses évasives, comme si, en pareilles circonstances, ce n'était pas perdre du temps que de chercher à en gagner.

On était alors au 7 mars. On se bornait encore à des plaintes. Le peu d'empressement à calmer les mécontentements suscita des troubles; ces troubles n'étaient pas encore apaisés le 16, quoique la plupart des concessions réclamées eussent été faites ou arrachées. A cette date, la bourgeoisie de Berlin était exaspérée contre les militaires; ceux-ci, comme s'ils eussent été possédés d'un démon furieux, se ruèrent sur les hommes les plus inoffensifs, les chassant devant eux à coups de crosse et les blessant avec des armes blanches. Une garde fut créée dans le but d'intervenir entre les militaires et les bourgeois. Un ordre du jour du commandant de Berlin exaspéra plus encore que les jours précédents le peuple contre l'armée et l'armée contre le peuple. On y lisait que le peuple de Berlin voulait traiter les soldats prussiens comme le peuple de Paris avait traité les soldats envoyés pour le soumettre.

Dès le 14 mars une adresse avait été présentée au roi par le premier magistrat de la ville de Berlin. Il demandait, en termes fort mesurés, outre la liberté de la presse, la convocation immédiate de la diète. Le roi, dans sa réponse, *en style de conversation*, c'est ainsi qu'il la caractérisa, arbora pour devise : *La liberté des peuples et des rois*, assura que la convocation de la diète était une chose résolue déjà depuis plusieurs jours. Quant aux autres demandes, il les renvoyait à l'examen de la prochaine assemblée de la diète, témoignant d'ailleurs sa satisfaction touchant l'attitude encore à peu près calme de la bourgeoisie et de la population de Berlin. Il termina en invitant les peuples allemands à rester unis, à avoir confiance, afin d'éviter les malheurs que les guerres de révolution leur ont déjà portés une fois.

Tels furent les principaux préliminaires de la révolution sur le point d'éclater, et qui allait ensanglanter la capitale de la Prusse; on y remarquera, nous ne saurions dire quelle fatalité de coïncidence entre les incroyables tergiversations et les concessions tardives des deux gouvernements de Paris et de Berlin. Dans ces deux catastrophes ne retrouve-t-on pas visiblement empreint cet esprit d'imprudence et d'erreur qu'un poëte a signalé comme le funeste avant-coureur de la chute des rois, avec cette seule différence qu'il faudrait compter jour par jour à Berlin ce qu'il suffit de compter heure par heure à Paris?

Le 14 mars, Frédéric-Guillaume, conformément à la promesse qu'il en avait faite au premier magistrat de Berlin, s'était en effet hâté de convoquer la diète, mais seulement pour le 27 d'avril suivant. Les peuples ont le droit de ne pas aimer les attermoiements.

Dans la journée du 16, les troubles prirent donc un caractère plus grave, et acquirent le lendemain 17 une intensité nouvelle; on se battit dans les rues et aux approches du palais. On parlait du départ du roi, mais il n'avait pas quitté la capitale; il y était encore le 18, quoique la lutte continuât et grandît de moment en moment.

Par un singulier effet du hasard, ce fut dans cette journée

du 18 que la nouvelle de la révolution de Vienne arriva à Berlin. Frédéric-Guillaume s'en fit un argument, dans un manifeste qu'il publia ce jour même à midi, pour calmer s'il était possible l'effervescence du peuple, en proie à la fureur des soldats. Dans ce manifeste, peut-être trop adroit pour avoir été sincère, le roi, en parlant des événements de Vienne, les signale comme des faits capables de faciliter notablement l'exécution de ses projets en lui imposant l'obligation de la hâter. On y remarquait le paragraphe suivant, qui déjà portait en germe la dissidence qui n'a pas tardé à éclater entre les cabinets de Vienne et de Berlin, dissidence dont nous parlerons ailleurs et qui nous paraît devoir exercer une grande influence sur la prochaine reconstitution de la Pologne en Etat libre et indépendant. Le roi disait donc dans sa proclamation :

« Maintenant, après cet important événement, nous nous sentons poussé à proclamer avant tout devant le peuple, non-seulement de Prusse, mais de toute l'Allemagne bientôt unie, s'il plaît à Dieu, les propositions que nous avons résolu de soumettre à nos confédérés allemands. »

C'était détourner la question personnelle en la généralisant. Le roi ajoutait :

« Avant tout, nous demandons que, au lieu d'une confédération d'Etats, l'Allemagne devienne un Etat confédéré. »

Ce serait purement et simplement la réédification du vieil empire germanique sous le patronage de la maison de Brandebourg à l'exclusion de la maison d'Autriche.

« Nous reconnaissons que ceci nécessite une réorganisation de la constitution fédérale qui ne peut avoir lieu que par le concours des princes et des peuples, qu'une constitution fédérale de tous les pays allemands et embrassant toutes les classes des peuples doit donc être immédiatement convoquée. Nous reconnaissons que cette représentation fédérale entraîne nécessairement l'organisation constitutionnelle de tous les pays allemands, afin que tous les membres de la représentation siégent sur le même rang, dans une parfaite égalité. »

En même temps le roi promulguait une loi en vertu de laquelle il abolissait la censure, fixait les conditions de la liberté de la presse et suspendait l'exécution des peines prononcées contre les délits de presse.

Jusque-là le mal avait été grand sans doute ; on avait à déplorer un nombre toujours trop considérable de morts et de blessés, mais enfin les avantages de la lutte étaient restés du côté du peuple que la publication officielle de ces nouvelles combla de joie. Il y eut un moment d'abandon et d'enthousiasme. Le roi avait paru au balcon du palais, où sa présence fut saluée par des applaudissements frénétiques. On apprenait en même temps que les membres rétrogrades du cabinet se retiraient et étaient remplacés par les chefs de l'opposition.

Tout semblait donc terminé comme à Paris dans la soirée du 23 février : mais, comme à Paris aussi, un hasard, un mal-entendu, un malheur semblable à celui de l'hôtel des Capucines remit tout en question. Sans cause apparente, sans aucun motif connu, sans l'ombre d'une provocation, une charge de dragons fit naître une nouvelle et vive résistance. Le peuple reprit l'offensive, furieux de se croire trompé ; il recourut à ses barricades que déjà il commençait à abattre ; la voix tonnante du canon se fit entendre, et de vastes incendies illuminèrent divers quartiers de la ville, notamment le quartier de la Charité.

Deux heures avaient suffi pour que tout Berlin fût insurgé ; partout on entendait les cris : Aux armes ! aux armes ! Devant la Banque, deux soldats ayant fait feu furent immédiatement massacrés ; un officier aussi, qui commanda le feu, fut mis en lambeaux par le peuple. Le combat devint acharné ; on compta plusieurs centaines de morts, et le peuple déclara qu'il ne déposerait les armes qu'après la complète évacuation des troupes de la garnison et leur remplacement par la landwehr.

La nuit du 18 au 19 fut terrible. Le tocsin sonna; les étudiants s'armèrent et se mirent à la tête de la multitude qu'ils dirigèrent. Toute la bourgeoisie, tous les habitants se précipitèrent dans la lutte. Bientôt toutes les rues furent dépavées et au sommet de gigantesques barricades on vit flotter le drapeau allemand, rouge, noir et or. Partout la troupe était tenue en échec; tandis que du haut des maisons pleuvaient sur elle des pierres et des tuiles, des feux bien nourris ripostaient à ses feux de peloton, et les arquebusiers de la garde passèrent dans les rangs du peuple.

Le combat dura ainsi jusqu'au 19 à dix heures du matin. S'il s'était encore prolongé, si Frédéric avait persisté plus longtemps dans la lutte, nul doute que la similitude eût été complète avec la révolution de Paris. C'en était fait de son règne, mais enfin il céda avant que sa cause fût tout à fait perdue; il ordonna aux troupes d'évacuer la ville et publia une proclamation dont le ton suppliant contrastait singulièrement avec le *style de conversation* de quelques jours auparavant.

« Mes chers Berlinois, disait-il en terminant, revenez à la paix, enlevez les barricades qui subsistent encore; envoyez-moi des hommes animés du véritable esprit berlinois. Je vous donne ma parole royale que toutes les rues et les places vont être immédiatement dégarnies des troupes, et qu'il ne restera plus de garnison que dans le château et dans l'arsenal, et *même pour très-peu de temps.*

» Ecoutez la voix paternelle de votre roi, habitants de mon fidèle et beau Berlin. Oubliez ce qui s'est passé comme je l'oublierai moi-même, pour l'amour du grand avenir que la bénédiction de Dieu prépare à la Prusse, et par la Prusse à toute l'Allemagne.

» Votre reine qui vous aime, qui est votre fidèle mère et amie, cruellement atteinte par les souffrances, vous conjure avec moi, et unit ses prières et ses larmes aux miennes. »

Des prières et des larmes! Comment les habitants de Berlin ne se seraient-ils pas laissé toucher et désarmer par des paroles que l'extrême adversité seule place dans le vocabulaire des rois, dans un pays surtout où depuis longtemps chacun porte dans son cœur l'amour et le respect de ses princes! Le ministère, auquel l'usage veut que l'on attribue tous les malheurs du peuple, fut intégralement changé et recomposé d'hommes populaires; toute la population fut légalement armée; le roi ne tarda pas à lui confier la garde de sa personne et de sa famille. De solennels honneurs funèbres furent rendus aux victimes de ces cruelles journées après que les cadavres, dont le nombre n'est pas évalué à moins de trois cents, eurent été embaumés, triste consolation offerte à la vanité plus qu'à la douleur des familles que le meurtre a plongées dans le deuil et la désolation; ovations funèbres où triomphe surtout l'orgueil du parti vainqueur.

La révolution de Berlin n'avait pour but ni un changement de dynastie, ni même un changement radical dans le système du gouvernement; le besoin même d'obtenir enfin des libertés montrées depuis si longtemps en perspective, n'est qu'une des causes. On se battit pour détruire la suprématie de l'état militaire sur l'état civil; de là, sans doute, l'acharnement des soldats sortis des rangs du peuple contre le peuple lui-même. Ce fut si bien l'esprit dominant des habitants de Berlin, que le peuple après avoir arrosé de son sang la conquête de ce principe voulut la conserver intacte en ne permettant pas que les cendres des victimes fussent confondues. Il n'admit pas l'égalité dans la mort. Le catafalque où gissaient les corps des soldats tués dut sortir furtivement de Berlin pendant la nuit, tandis qu'un convoi splendide conduisit en plein soleil à leur dernière demeure les cadavres des enfants de Berlin. Le cortége, suivi de toute la population, passa devant le palais où le roi s'était mis à son balcon pour rendre un tardif hommage à tant de victimes d'une volonté toujours en retard.

Depuis ces événements, des bruits non fondés ont été répandus et presque aussitôt démentis. On a dit Frédéric-Guillaume en fuite, il s'est montré à pied au jardin des plantes où le peuple l'a accompagné de manifestations bienveillantes; on a prétendu que Berlin s'était déclaré en république, il n'en était rien, et d'ailleurs par cette supposition c'était mal connaître l'esprit de la Prusse, quelle que soit l'incohérence qui existe entre les diverses provinces dont se compose la monarchie prussienne. Sans doute de profondes animosités règnent encore dans bien des cœurs ; sans doute un calme complet n'a pas pu succéder immédiatement à des secousses aussi violentes. Comme la plupart des Etats de l'Europe où la guerre civile a suspendu le cours de ses fureurs, la Prusse est dans un état d'expectative inquiète. Elle subit le sort du monde politique voué pour longtemps aux agitations, car il n'existe aujourd'hui de tranquillité que là où l'on prend la lassitude pour le repos.

En vente chez les mêmes Éditeurs.

Révolution de 1848. In-8°. . . . . 1 »
Révolution de Berlin. In-8°. . . . . » 25
Révolution de Vienne. In-8°. . . . . » 25
Révolution de Pologne. In-8°. . . . . » 25
Révolution d'Italie. In-8°. . . . . » 25
Révolution de Madrid. In-8°. . . . . » 25
République d'Andorre. In-8°. . . . . » 25
République de Saint-Marin. In-8°. . . . . » 25
République de Platon. In-8°. . . . . » 25
Le Peuple souverain. In-8°. Orné du portrait de Lamartine. . . . . » 50
Avec les portraits des membres du gouvernement provisoire, 25 centimes en sus chaque portrait.
Politique d'Aristote. In-8°. . . . . » 25
César aux élections, ou le suffrage universel. In-8°. . » 25
Mirabeau à la Constituante. In-8°. . . . . » 25
Les Barricades. In-8°. . . . . » 25
Avec dessin représentant la barricade du faubourg Montmartre, le 24 février 1848. . . . . » 50
Le Peuple en action. In-8°. . . . . » 25
Avec un dessin représentant la prise du Château-d'Eau le 24 février 1848. . . . . » 50
Jésus-Christ ! Liberté, égalité, fraternité. . . . . » 25
Orné de la sainte face. . . . . » 50
Pie IX, régénérateur du monde. . . . . » 25
Orné de son portrait. » 50
L'Arbre de la liberté. In-8°. . . . . » 25
Chants nationaux et patriotiques. . . . . » 25
Ornés du portrait de Béranger. . . . . » 50
Poésies nationales et républicaines. . . . . » 25
Ornées du portrait de Lamartine. . . . . » 25

SAINT-CLOUD. — IMPRIMERIE DE BELIN-MANDAR.

RÉVOLUTION

DE VIENNE.

RÉCIT COMPLET DES ÉVÉNEMENTS.

Prix : 25 centimes.

Paris,

BARBA,
4 BIS, RUE DE LA PAIX.

GARNOT,
7, RUE PAVÉE SAINT-ANDRÉ.

1848.

SAINT-CLOUD. — IMPRIMERIE DE BELIN-MANDAR.

LA RÉVOLUTION DE VIENNE.

De toutes les capitales de l'Europe, Vienne était sans doute celle où l'on s'attendait le moins à voir éclater une révolution violente. L'esprit calme et réfléchi des habitants, leur attachement à la descendance de Marie-Thérèse semblaient y garantir, malgré le contre-coup de secousses extérieures, une longue et patiente tranquillité.

Le cabinet de Vienne, il est vrai, jouissait de peu d'estime en Europe ; la moralité des peuples s'offusquait au souvenir d'une princesse deux fois sacrifiée aux intérêts d'une politique toujours tortueuse ou pusillanime quand soufflait le vent de la mauvaise fortune, toujours impitoyable et cruelle quand elle croyait marcher impunément vers l'accomplissement de ses desseins. Sous les apparences d'une dignité fallacieuse, le cabinet de Vienne voilait un reste de barbarie qui n'est plus de ce temps, et cependant, la vérité veut qu'on le reconnaisse, dans plusieurs Etats soumis au sceptre de la maison d'Autriche, notamment dans les Etats que l'on appelle héréditaires, le peuple n'était pas malheureux sous de certains rapports ; il y jouissait de cette liberté usuelle qui suffit à l'homme en dehors des intérêts de la politique, et la charge de l'impôt était moins pesante pour lui que dans la plupart des autres contrées de l'Europe. L'illuminisme avait fait moins de progrès dans cette partie de la monarchie autrichienne que dans les autres Etats du nord de l'Allemagne, mais il n'en était pas de même dans les provinces gravitant sous la même autorité en dehors du cœur de l'empire.

Depuis longtemps les Hongrois, impatients du joug, réclamaient des franchises et des libertés qui leur avaient appartenu et que leur déniait un gouvernement ombrageux.

Les mécontentements n'étaient ni moins vifs ni moins bien fondés dans le royaume de Bohême; on frémissait d'indignation, et la terreur seule enchaînait la révolte dans les provinces de l'ancienne Pologne annexées à l'empire, au souvenir des récentes cruautés dont a retenti tout le monde civilisé. Dans les belles provinces de l'Italie, que le caprice de la fortune et l'inhumanité des traités avaient placées sous la domination de la maison d'Autriche, la verge de fer du despotisme s'appesantissait plus rigoureusement que partout ailleurs et semblait mettre au défi la patience des populations. Là était la plaie la plus vivace de l'Autriche; nous nous bornerons toutefois à ce peu de mots touchant les possessions bien usurpées de la maison d'Autriche en Italie, car ce serait empiéter sur ce que nous aurons à en dire quand nous essayerons de tracer le tableau de la révolution légitime qui fait frémir en ce moment tous les membres encore disloqués de la grande unité italienne, de ces magnifiques contrées qui, durant plusieurs années, furent pour nous une seconde patrie; nous voulions seulement constater le caractère particulier qui distingue la révolution de Vienne des autres révolutions : ordinairement l'explosion se fait à la tête de l'empire et s'en va retentir dans tous les membres; ici, au contraire, l'explosion n'a eu lieu que comme un écho terrible et multiple, résumant en lui seul les cris émanés de tout l'empire à la fois et sous l'inspiration du grand exemple que venait de donner Paris. Il est hors de doute, en effet, que sans la commotion électrique qui s'étendit avec la rapidité de l'éclair des bords de la Seine aux rives du Danube, Vienne n'aurait pas encore été le théâtre des événements imprévus dont nous allons tâcher de suivre le cours.

C'est le 19 mars que la première nouvelle de la révolution de Vienne arriva à Paris, où l'un des membres du gouvernement provisoire en donna immédiatement connaissance aux délégués des travailleurs réunis au Luxembourg; cette nouvelle ne surprit pas autant qu'elle l'aurait fait un mois auparavant. Avant d'en connaître les détails, on pouvait déjà juger de sa gravité, puisque l'on apprenait que le tout-puissant ministre d'Autriche, l'âme de toute politique stationnaire, M. de Metternich, enfin, était en fuite.

Dans la matinée du 13, Vienne était en pleine révolte. Tous les esprits étaient en fermentation, tous les habitants se levèrent en masse, et aussitôt tous les étudiants se rallièrent à la garde bourgeoise. Les manifestations de la foule ne permirent de prime abord aucun doute sur l'objet de la révolte; elle se porta sur le Kenneberg, où elle incendia la villa de M. de Metternich. Ensuite, elle se dirigea vers la chancellerie d'Etat; les étudiants ouvraient la marche. Du sein de la foule sortirent des demandes exagérées. Alors un personnage, que personne ne reconnut, se présenta sur le balcon et harangua le peuple; il dit qu'avant peu de temps l'empereur satisferait à tous les vœux; que S. M. mettait toute sa confiance dans la fidélité des Viennois; que depuis longtemps le gouvernement impérial était occupé de la confection de lois qui se rattachaient au bien-être du pays, et que le peuple serait surpris agréablement par les intentions opportunes et bienveillantes de l'empereur.

Ainsi, comme à Paris, comme à Berlin, le gouvernement autrichien entra dans l'inévitable voie des concessions.

Cependant on avait fait un grand déploiement de troupes; soudain on entendit des feux de peloton bien nourris, on répandit même le bruit que l'on avait tiré à mitraille, sans que ce bruit ait été suffisamment constaté. On parlait déjà d'une vingtaine de morts. L'émeute était furieuse et s'animait encore aux cris de : Une constitution, la liberté de la presse! Dans l'après-midi la foule devint de plus en plus compacte.

Le conseil de guerre aulique avait pris toutes les mesures nécessaires. Les portes étaient fermées pour séparer la ville intérieure des faubourgs, car la cité de Vienne, comme on le sait, n'a pas cessé d'être une ville fortifiée, que des remparts isolent de ses immenses faubourgs, qui forment la plus grande partie de la ville.

On prétendait dans les masses que les députés de Presbourg avaient donné l'impulsion au mouvement. Toute cette population, ordinairement si calme, si soumise, ne se ressemblait plus à elle-même. Les étudiants, les élèves de l'école polytechnique de Vienne prononçaient des discours dont l'énergie entretenait les ouvriers. Parmi ceux-ci, l'amour de la liberté fit également surgir des orateurs qui haranguèrent le peuple de concert avec les bourgeois.

A quatre heures et demie, la troupe fit feu et six hommes tombèrent frappés à mort; d'autres, en plus grand nombre, furent blessés. La révolte avait alors atteint son plus haut paroxisme. Le capitaine commandant fut renversé de son cheval, où le peuple plaça un étudiant qui venait d'être blessé à la tête. Le peuple lui servit d'escorte et le promena dans toute la ville en proférant des cris de vengeance. Les soldats furent sifflés, bafoués. Les progrès du peuple et sa confiance dans sa force étaient déjà tels qu'il fit retirer les baïonnettes à tout un détachement d'artillerie.

La bourse n'avait pas été ouverte; de toutes parts on fermait les magasins. On craignait pour la nuit l'irruption des faubourgs.

L'apparition de la milice bourgeoise, qui venait, musique en tête, soutenir la cause du peuple, répandit dans ses rangs une joie inexprimable. On adopta pour mot d'ordre : La constitution et la liberté de la presse, et des pétitions rédigées dans ce sens furent aussitôt couvertes de plus de vingt mille signatures.

Vers sept heures du soir on apprit que, comme à Paris, les rails des chemins de fer venaient d'être brisés. Une heure après, le peuple se porta contre l'hôtel de la police. Près du Prater la troupe exécuta cinq feux de peloton qui firent encore quelques victimes ; mais, à dix heures, les étudiants étant armés, le peuple se dirigea du côté de la Douane. Ce fut alors que l'on apprit avec certitude que M. de Metternich avait pris la fuite, ainsi que M. Lediniski. M. de Metternich avait quitté Vienne dans la matinée.

Ainsi, en une seule journée, une nouvelle ère venait de s'ouvrir pour l'Autriche. A l'ouverture de l'assemblée des états, les étudiants se présentèrent réunis aux bourgeois et déposèrent des pétitions en faveur de la réforme. Ces pétitions furent reçues, mais la réponse qu'elles réclamaient ayant été ajournée indéfiniment, ce fut alors que le peuple s'exaspéra, que des rassemblements se formèrent, que la troupe sortit des casernes et tira sur le peuple, qu'eut lieu l'armement des bourgeois et des étudiants, et que, enfin, l'exaspération se métamorphosa en une révolte bien caractérisée.

Le lendemain, un calme au moins apparent avait succédé aux scènes tumultueuses de la veille. Les soldats avaient quitté la capitale ; les places et les édifices publics étaient occupés par les étudiants et les bourgeois, et l'on ne mettait pas en doute que le peuple autrichien ne fût appelé à jouir promptement des mêmes droits que les autres populations allemandes. A une heure de l'après-midi, en effet, on annonça publiquement que l'empereur venait de décréter la création d'une garde nationale sous les ordres du comte Hoyos, qui jouit à Vienne d'une grande popularité. Déjà, à trois heures, on commençait à s'inscrire à la salle du Manége pour faire partie de la garde nationale.

Tant qu'avait duré la révolte, alors même que le peuple était le plus acharné au combat, pas un mot n'était sorti de la bouche des révoltés contre la personne de l'empereur. Le peuple de Vienne, encore imbu du vieux respect qu'inspiraient autrefois les têtes couronnées à leurs sujets, n'éleva point en effet ses plaintes jusqu'au sommet du trône, mais il n'avait plus une indulgence aussi plénière pour les personnages assis aux degrés inférieurs. Les archiducs Louis, Guillaume et Albert, très-impopulaires à Vienne, non-seulement donnèrent leur démission, mais se hâtèrent de sortir de Vienne, ce dont le peuple se montra satisfait, mais non pas au point de perdre de vue les droits pour la conquête desquels il avait pris les armes. Cependant, l'empereur accéda à la demande de la liberté de la presse, et dans le premier moment qui suivit cette concession, mère de toutes les libertés, sauve-garde de tous les droits, mais qui n'est pas toujours sans danger dans des mains inexpérimentées, la joie et l'enthousiasme furent universels parmi les bourgeois et les étudiants qui n'avaient point cessé de faire cause commune et dont l'alliance devait être cimentée par la communauté du triomphe.

Le soir toute la ville fut illuminée ; toutes les patrouilles de la garde bourgeoise, circulant dans les rues, étaient saluées par d'innombrables acclamations et à toutes les fenêtres on voyait s'agiter des mouchoirs en signe d'assentiment. Les étoffes les plus précieuses étaient offertes aux étudiants et aux bourgeois pour en faire des écharpes, et du haut de leurs balcons les femmes faisaient tomber sur la tête des vainqueurs une pluie de fleurs et de lauriers. L'ordre régnait dans tous les quartiers de la ville comme après une fête que n'aurait troublée aucune émotion populaire, et cependant dix cadavres, appartenant au seul corps des étudiants, ne proclamaient que trop haut combien la victoire avait été ensanglantée. Pendant le plus fort de la lutte, pas un désordre non plus n'avait été commis; pas d'incendie, sauf la villa de M. de Metternich, et l'on aurait vainement cherché la moindre trace d'une infraction au respect dû aux propriétés publiques et privées, moins sans doute les dégâts qui résultent nécessairement d'un combat livré dans l'intérieur d'une ville.

Cependant, l'enthousiasme a cela de commun avec la colère, que peu d'instants suffisent pour le faire tomber. Le peuple de Vienne, qui par sa gravité ne ressemble à aucun autre peuple, était deux fois sorti de son caractère habituel dans deux sens diamétralement opposés, d'abord en prenant les armes contre l'autorité de son souverain, ensuite en se livrant aux accès d'une joie irréfléchie. Quand la réflexion lui fut revenue, quand il fut rentré dans la positivité de son caractère, il se montra inquiet dans ses espérances, tenace dans ses volontés et ne voulut pas laisser avorter le fruit de son emportement inaccoutumé. Soutenu, ou plutôt encouragé par la présence d'un grand nombre de Hongrois, reconnaissables à leur costume national, il demanda des ministres responsables, comme pour signifier par là la crainte qu'il éprouvait d'avoir à faire remonter ses doléances jusqu'à la personne du souverain, et se prémunir d'avance contre le retour de quelque nouveau Metternich.

Quoi qu'il en soit, le peuple de Vienne crut un moment qu'il avait à redouter une attaque du dehors; les troupes étaient bien réellement sorties de la ville, mais le bruit se répandit qu'elles bivouaquaient dans les environs, qu'elles s'étaient augmentées de dix-huit mille hommes. Les bourgeois, les étudiants et le peuple, au nombre de soixante et dix mille, armés pour la défense de la ville et des propriétés, n'avaient sans doute pas à redouter que le fruit de la victoire leur fût enlevé, mais seulement ils voulaient prévenir les incalculables malheurs qui seraient résultés d'une attaque. Ce fût dans ces circonstances que l'empereur Ferdinand promulgua les deux décrets suivants :

Premier décret : « J'ai résolu de former une garde nationale pour le maintien de l'ordre et le respect de la propriété et des personnes. J'ai nommé commandant de la garde le général-lieutenant Ernest, comte de Hoyos; il prendra toutes les mesures pour hâter l'organisation et l'établissement de cette institution civique. »

Deuxième décret : « Vu les circonstances politiques, nous

avons résolu de réunir autour du trône les Etats de notre empire allemand et slave, ainsi que les congrégations centrales de notre royaume lombardo-vénitien, afin de nous servir de leurs conseils pour toutes les questions législatives et administratives. A cette fin, nous les convoquons pour le 3 juillet, *sinon plus tôt*, à Vienne. »

Ces deux décrets étaient signés de la main de l'empereur. Dans un autre décret, signé par M. de Gestietitz, président du gouvernement, l'empereur fit connaître la résolution qu'il venait de prendre d'armer les étudiants. Enfin, dans un quatrième et dernier décret, le général-lieutenant, M. de Windisch-Graetz, fut nommé dictateur général pour toutes les autorités civiles et militaires. Cette dernière mesure était appuyée sur des considérations d'ordre public. En même temps le président du gouvernement priait le peuple de Vienne de ne pas se montrer trop exigeant dans ses demandes, lui promettant qu'elles seraient écoutées, et l'invitant à se tenir tranquille.

Si l'on a bien étudié la marche suivie par toutes les révolutions populaires on a dû remarquer que les concessions réclamées la veille ne suffisent plus le lendemain, juste contre-partie de l'obstination des gouvernements à ne céder que pied à pied à mesure qu'ils se sentent ébranlés dans leurs fondements; de là vient que, sans préméditation antérieure, le peuple se trouve entraîné à abattre l'arbre qu'il voulait seulement redresser. C'est ce qui arriva deux fois à Paris à dix-huit années de distance; c'est ce qui faillit arriver à Berlin presque au même moment qu'à Vienne où cependant l'autorité souveraine ne fut pas aussi grièvement compromise. On peut néanmoins juger, d'après le second des décrets que nous avons rapportés plus haut, que l'empressement à donner satisfaction au peuple sur le point capital de ses réclamations ne dut pas lui paraître très-grand; il ne dut pas voir autre chose qu'une temporisation mal déguisée, dans des conditions qui rendaient solidaires les unes des autres toutes les parties si diverses d'esprit, de mœurs et de langage qui composent l'ensemble de la monarchie autrichienne. Dans cet assemblage hétérogène de provinces étrangères les unes aux autres il ne peut exister ni unité de besoins, ni communauté d'intérêts ; en un mot, le peuple de Vienne ne s'était pas plus battu pour le peuple de Milan que le peuple de Milan pour le peuple de Vienne, d'où il résulta que le peuple de Vienne resta en proie à une émotion inaccoutumée, ne déposa pas les armes et articula la demande d'une constitution formelle.

Dans ces circonstances, pour calmer le reste d'effervescence dont la ville de Vienne était encore agitée, l'empereur publia dans la journée du 15 mars un nouveau décret dans lequel il disait :

« Nous avons pris les mesures que nous avons reconnues nécessaires aux vœux de nos fidèles peuples. La liberté de la presse est accordée en vertu de ma déclaration qui abolit la censure, de la même manière que dans les pays où elle existe.

» Une garde nationale, établie sur les bases de la propriété et de l'intelligence, rend déjà d'excellents services. Des dispositions ont été déjà prises pour convoquer, *dans le plus bref délai possible*, à l'effet de leur soumettre la *constitution que nous avons résolu de donner à la patrie*, des députés de tous les Etats provinciaux et des congrégations centrales du royaume lombardo-vénitien avec une plus forte représentation de l'ordre de la bourgeoisie et eu égard aux constitutions provinciales existantes.

» C'est pourquoi nous croyons fermement que les esprits se calmeront, que les études reprendront leur marche régulière, que les artisans retourneront paisiblement à leurs occupations. Nous nous livrons d'autant plus à cet espoir que nous avons pu nous convaincre aujourd'hui, en nous trouvant au milieu de vous, que les sentiments de fidélité et d'attachement que depuis des siècles vous n'avez cessé de témoigner à nos ancêtres, et qu'à nous aussi vous avez témoignés à chaque occasion, vous animent maintenant comme toujours. »

Ce décret résume, comme on le voit, les principaux résultats de la révolution de Vienne; le changement parmi les hommes du pouvoir antipathiques au peuple fut subit, car rien n'est si facile que de destituer des ministres et de les remplacer par d'autres plus populaires, mais il faut plus de temps pour substituer à des institutions vieillies et usées des institutions nouvelles appropriées à des besoins nouveaux nés du progrès des lumières et de la civilisation. Quand l'acte révolutionnaire est accompli, le vainqueur ne peut pas avoir conquis autre chose que des espérances plus ou moins bien fondées sur des promesses dont l'accomplissement est toujours soumis à deux grandes éventualités : la bonne foi de ceux qui promettent et la toute-puissante intervention des événements. Ainsi l'on ne pourrait aujourd'hui, sans une excessive témérité, dire : La révolution de Vienne a produit dans la monarchie autrichienne tel ou tel changement définitif; elle a seulement soulevé un problème encore soumis au calcul des probabilités et dont le temps seul peut amener la solution. Il en doit être nécessairement ainsi lorsqu'une révolution n'a pas obtenu une conclusion radicale comme à Paris, où elle a fait table rase en détruisant de fond en comble non-seulement le fait, mais le principe du gouvernement qu'elle a renversé. A Berlin, au contraire, et particulièrement à Vienne, le principe étant conservé, tout sera nécessairement en litige jusqu'à la complète organisation des formes nouvelles.

Une autre circonstance contribue puissamment à épaissir les nuages qui voilent les futures destinées de la monarchie autrichienne : quand une révolution éclate isolément sur un point du monde politique, comme en Angleterre au commencement du dernier siècle, comme en France en 1789, elle peut à la rigueur se concentrer en elle-même, suivre ses phases, se consolider ou se perdre *intrà muros*, mais il n'en peut pas être de même quand une révolution locale n'est qu'un accident au milieu d'une conflagration qui s'étend sur une plus vaste étendue ; alors l'esprit révolutionnaire est dans l'air, il s'abat çà et là capricieusement, sévit avec plus ou moins de rigueur selon les localités, et l'effet inévitable de plusieurs révolutions simultanées est de les voir se compliquer les unes par les autres. Ce serait donc l'ensemble des révolutions qui viennent d'éclater en Allemagne, en Italie, qu'il faudrait examiner, pour se faire une idée de la portée probable de chacune d'elles. Toutefois on peut faire observer dès à présent que si la commotion a été moins violente, la lutte moins acharnée dans les murs de Vienne que dans l'intérieur de Berlin et de Milan, la situation politique de l'Autriche est devenue plus précaire, plus difficile que celle de la Prusse. Peu de mots, en terminant ce court aperçu de la révolution de Vienne, nous suffiront pour le démontrer.

D'abord il faut prendre en grave considération l'espèce de marqueterie que présente la monarchie autrichienne ; rien ne lie entre eux les compartiments qui y furent successivement annexés, que la défaite en arracha et qu'y replaça la victoire. Ainsi, depuis le milieu du XIIe siècle, le duché d'Autriche commença à s'arrondir par l'adjonction de la Styrie et de la Carniole. Démembré au siècle suivant, Rodolphe de Hapsbourg reconquit ses provinces perdues et y ajouta d'autres provinces. Sous Albert II, la Hongrie et la Bohême vinrent augmenter l'étendue du territoire autrichien. Depuis, et de siècle en siècle, cette puissance n'a pas cessé d'acquérir et de céder alternativement à l'issue de toutes les guerres. Cette incessante mobilité pouvait être compatible avec l'existence d'un pouvoir absolu, égal pour tous, quelquefois paternel, l'histoire en convient, et dont l'application se modifiait de son propre gré, selon les mœurs, les coutumes, l'esprit des populations réunies sous une seule autorité. Mais aujourd'hui, sous l'empire d'un gouvernement libre, quelle constitution pourra convenir également à des peuples qui semblent appartenir encore à des siècles différents? Quelle assimilation possible entre ceux qui participent plus de la Turquie que du reste de l'Europe, et ceux qui, limitrophes de la France, sont depuis longtemps en communication sympathique avec le grand foyer des lumières.

Telle est une des difficultés qui se présentent pour que la révolution de Vienne produise les fruits que l'on espère d'en recueillir; mais cette difficulté, qui porte d'ailleurs dans son sein la probabilité d'un prochain démembrement, n'est pas la seule; un péril imminent est né tout à coup du conflit des deux révolutions de Vienne, de Berlin.

On a vu, en effet, quand nous avons esquissé les principaux traits de cette dernière révolution, que Frédéric-Guillaume s'était fait un argument de la révolution de Vienne, afin de conjurer les révoltés en leur montrant en perspective la Prusse s'emparant en Allemagne de la suprématie que de tout temps y avait eue l'empire d'Autriche. Si ce projet s'exécutait par le moyen d'une diète fédérale comprenant tous les Etats allemands, ce serait, avec d'autres idées et sous une autre direction, la reconstitution du vieil empire germanique, moins des institutions nées au sein de la féodalité, que le temps avait minées, et qui s'écroulèrent au commencement de ce siècle devant l'épée de Napoléon.

Quoi qu'il en soit, et malgré les dangers auxquels elle venait d'échapper, la cour de Vienne n'a pu voir avec indifférence les velléités ambitieuses du cabinet de Berlin cachant ses terreurs personnelles sous le masque d'une propagande libérale.

Les choses en sont encore là au moment où nous écrivons, et ce qui nous paraît le plus probable, c'est la division de l'Allemagne en deux camps avant qu'elle se réunisse en une grande unité fédérale; c'est peut-être la guerre née du contact de deux révolutions.

S.-CLOUD. — IMPRIM. DE BELIN-MANDAR.

RÉVOLUTION
D'ITALIE.

Récit des événements.

Schiavi siam! si ma schiavi ognor frementi.
ALFIERI.

Prix : 25 centimes.

PARIS,

BARBA, 4 BIS, RUE DE LA PAIX.

GARNOT, 7, RUE PAVÉE SAINT-ANDRÉ.

1848.

SAINT-CLOUD. — IMPRIMERIE DE BELIN-MANDAR.

LA RÉVOLUTION D'ITALIE.

Ce qui distingue le plus essentiellement les révolutions de 1848 de toutes celles qui les ont précédées, c'est l'esprit religieux qui n'a cessé de présider à leur accomplissement. Point d'insulte à aucun culte; partout un profond respect pour les ministres de la religion. Ainsi les peuples, agissant sous l'influence évangélique des paroles émanées du saint-siége, ont détrôné la philosophie moderne, et le monde aura à juger quelle différence existe entre les révolutions impies et les révolutions réellement providentielles. Partout est visible l'action du doigt de Dieu dans l'accomplissement du grand œuvre de la régénération de l'Italie, de son indépendance, de son unité confédérée, de sa liberté reconquise; car la liberté est la fille bien-aimée du ciel, tandis que le despotisme et la tyrannie sont des monstres d'origine purement humaine.

Où est cependant le siége de la révolution en Italie? Il serait impossible de le dire, par la raison que la révolution y est partout; c'est une vaste terre dont le sol est entièrement volcanisé, où, après avoir longtemps mugi sourdement, la lave s'est fait jour par une infinité de fissures et s'est ouvert deux grands cratères, l'un à Milan et l'autre dans le royaume des Deux-Siciles.

L'Italie, si favorisée du ciel sous le rapport du climat, si féconde en hommes doués d'un génie supérieur, semblait destinée depuis bien des siècles à jouer constamment le rôle de victime dans le collége des États européens, et si, comme l'a dit Alfieri, elle frémissait dans son esclavage, elle n'en était pas moins esclave. Toujours, après les grandes guerres du continent, on voyait ses plus riches provinces devenir la proie du vainqueur et servir d'appoint dans ces marchés que l'on appelle des traités. Aussi l'un des hommes les plus patriotes de l'Italie moderne, Ugo Foscolo, n'a-t-il pas hésité à appeler sa belle patrie l'éternel domaine de la victoire, comme si la Providence eût voulu faire expier à l'Italie la longue domination que Rome avait fait peser sur le reste du monde.

Depuis un demi-siècle, en effet, depuis la première irruption des idées et des armées de la révolution française en Italie, alternativement française et autrichienne, l'Italie ne fut pas un seul instant italienne. Or, comme le joug le plus pesant est toujours celui qu'on porte, il ne faut pas s'étonner si, réduite à borner ses vœux à changer de maître, elle se montrait autrichienne sous la domination française et redevenait française sous la domination autrichienne. Aujourd'hui l'Italie se réveille, elle aspire à recouvrer son indépendance, et déjà ses populations, redevenues patriotes, ont retrouvé leur vieille énergie aux cris d'affranchissement et de liberté.

Si, cependant, l'esprit d'observation plane au-dessus de la péninsule italique et l'embrasse dans toute son étendue, il reste effrayé à l'aspect de complications et de difficultés dont il n'y eût peut-être jamais d'exemple. De tous les Etats dont se compose l'Italie on pourrait dire avec justesse ce que disait Rousseau de l'homme et de la femme : « Partout entre eux je vois des rapports et partout des différences. » Il existe en effet de nombreux rapports entre les divers Etats italiens, rapports de climat, de mœurs, d'amour pour les arts et pour la vie voluptueuse, mais ces rapports eux-mêmes sont plus ou moins caractérisés; quant aux différences, elles résultent plus des gouvernements que de la nature instinctive des populations ; jamais le gouvernement de la Toscane n'a été accusé de tyrannie ; depuis longues années la peine de mort n'y existait plus, aussi le peuple toscan était-il cité pour le plus probe, le plus doux et le plus humain entre tous les peuples : les principicules de Lucques et de Modène, au contraire, jouaient au despotisme, sous la protection des baïonnettes autrichiennes. Il n'est pas jusqu'aux princes de Monaco qui n'aient rêvé l'absolutisme, comme si l'odeur en était resté imprégnée dans leur ancienne livrée de chambellans de Napoléon.

Puisque le nom de Napoléon est venu se placer ici, il ne sera pas sans intérêt de citer ici un fait dont nous sommes parfaitement sûrs. Napoléon connaissait bien l'Italie, premier théâtre de sa gloire et où il avait appris l'art de gouverner. Il avait vu la facilité des populations italiennes, malgré l'inimitié qui régnait encore entre elles, à se façonner à toutes les formes de gouvernement; c'était sans efforts visibles que Gênes, Milan, Turin, Parme, Plaisance, Venise, Florence, Rome et Naples, après avoir été transformées en républiques, sous l'influence de la république française, quand elles n'ont pas fait partie intégrante de la grande république, étaient devenues annexes et départements de l'empire, soit directement, soit sous la forme de vice-royautés ou de gouvernements généraux. La pensée intime de l'empereur était d'asservir toutes les subdivisions de l'Italie afin de les lier entre elles et de les habituer à vivre sous l'empire des mêmes lois, dans le but, lorsque vingt ans de consanguinité politique et morale auraient consolidé cette communauté d'intérêts et de soumission, de proclamer l'unité et l'indépendance de l'Italie, formant un seul Etat dont Rome aurait été la capitale.

Le temps et la fortune manquèrent à l'accomplissement de ce vaste dessein, mais ne dirait-on pas que l'esprit en a survécu à son auteur et qu'il inspire aujourd'hui tous les cœurs italiens!

Nous avons dit que les idées révolutionnaires étaient partout répandues en Italie. Il n'y a rien d'exagéré dans cette assertion; il convient cependant de faire observer qu'elles n'affectent pas les mêmes allures dans les lieux où le pouvoir les accueille, les favorise, les met en œuvre avec une sage prudence et dans ceux où une résistance aveugle contraint les peuples à arborer l'étendard de la révolte, à déployer un héroïsme dont la générosité fait battre tous les cœurs généreux et dans ceux où le pouvoir semble prendre à tâche de souffler sur le feu des passions au lieu de l'éteindre. Nul esprit réfléchi ne pèsera dans la même balance les temporisations peut-être un peu prolongées du grand-duc de Toscane et du roi Charles-Albert avant d'accorder à leurs peuples les constitutions que ceux-ci réclamaient et la ténacité hypocrite d'un roi de Naples faisant bombarder ses villes de Sicile et ne cédant que pied à pied un terrain qu'il doit nécessairement perdre aux acclamations de l'humanité tout entière. Il en est de même de la domination obstinée, aveugle, féroce que d'illégitimes possesseurs ont exercée si longtemps et avec tant d'impunité dans la capitale de la Lombardie. Les vexations, les tortures, qu'endurèrent les Milanais avec une incroyable longanimité, ont rappelé le temps où, représentée par Gesler comme elle l'était tout à l'heure par Radetzki, la barbarie autrichienne arma la main de Guillaume Tell et provoqua la Suisse à reconquérir son indépendance.

Rien n'est tout à fait pareil dans l'histoire, mais on y découvre une foule d'analogies modifiées selon l'esprit des temps, mais il est hors de doute que la Lombardie ne retombera pas sous le joug autrichien, soit qu'elle se constitue en république comme le fit la Suisse, il y a cinq siècles, soit qu'elle se fonde dans les Etats du roi de Sardaigne reconstituant le royaume d'Italie.

Quoi qu'il en soit de ces éventualités, toujours est-il certain que si la dernière révolution de Paris n'a pas fait les révolutions qui viennent de remuer si profondément et qui agitent encore toute l'Italie, elle a par son exemple communiqué aux conquérants de la liberté au delà des Alpes une partie de sa puissante énergie, qu'elle a hâté le moment du triomphe et décidé des volontés encore indécises à donner aux peuples des lois libérales et constitutionnelles, en rapport avec les progrès de l'esprit humain dans les pays civilisés. Céder à propos est aujourd'hui le seul principe conservateur des pouvoirs encore debout, ce qui ne veut pas dire qu'il faille se soumettre aux moindres caprices populaires, mais il est aisé de discerner ce qui est le besoin de tous de ce qui ne vient que du caprice des factions; or, ce qui constitue le besoin de tous dans l'ère nouvelle où veut entrer l'Europe et particulièrement l'Italie, c'est, pour l'homme, la liberté individuelle tant dans son action légale que dans le développement de ses facultés morales et intellectuelles; c'est, pour les hommes en masse, leur immixtion dans les affaires du pays, conformément aux saintes lois de l'égalité et de la fraternité; c'est, pour chaque nation, un système qui la garantisse contre des insultes ou des empiètements étrangers.

Le règne de la force brutale est passé pour les gouvernements, comme il y a quatre siècles la force physique, par l'invention des armes à feu, cessa d'être la première qualité d'un guerrier. Aujourd'hui, la persuasion et l'exemple sont les deux seuls leviers capables de remuer le monde, et la révolution qui s'accomplit sur les divers points de l'Italie en est la plus évidente de toutes les démonstrations. L'impulsion n'est venue d'aucune propagande extérieure, d'aucune influence politique étrangère; elle est partie de plus haut. Un homme s'est trouvé qui, suscité par la Providence, s'est montré digne de la mission sainte et régénératrice qu'il était appelé à remplir. Cet homme, modeste dans sa vie, nourri dans l'ombre du cloître, sans brigues, sans ambition personnelle, se voit inopinément élevé sur le trône de saint Pierre. De là il promène sa vue autour de lui; chef de la chrétienté, ses regards embrassent l'humanité tout entière, et, comme l'esprit de l'Evangile est dans son cœur, il conçoit le dessein sublime d'en faire une sainte application. Souverain spirituel de toute la catholicité, souverain temporel de Rome et d'une partie de l'Italie, il agit en ces deux qualités sans que l'action du prince de la terre puisse compromettre dans l'avenir les droits du prince spirituel, dont il ne se regarde que comme le dépositaire. Il marche d'un pas prudent mais ferme dans la voie de régénération qu'il s'est ouverte; il résiste au puissant, il accueille le faible; d'une main il sépare l'ivraie du bon grain, de l'autre il épanche le trésor de ses indulgences et se plaît à en couvrir l'erreur. Des conversions religieuses s'accomplissent, nombreuses et non sollicitées, parce que, à sa voix, les sectes dissidentes cessent d'être en proie à la persécution. La population de Rome, redevenue un peuple, l'adopte avec enthousiasme et lui décerne en quelque sorte les honneurs d'une seconde élection, comme au temps des premiers siècles de l'Eglise, où le peuple de Rome élisait les papes par acclamation.

Cependant, ayant distrait les droits du souverain pontificat des droits temporels du souverain de Rome, c'est en agissant à ce dernier titre qu'il appelle des laïques aux fonctions gouvernementales et administratives exclusivement dévolues par ses prédécesseurs à des cardinaux et à des prélats. Dans ses négociations directes avec les puissances de l'Europe regardées comme les plus formidables, il agit avec une fermeté qui ne se rebutte devant aucun obstacle; l'opinion du monde est pour lui, et son influence morale est si grande, que l'Angleterre, qui depuis le grand schisme du règne de Henri VIII était restée sans communications politiques officielles avec la cour de Rome, entraînée aujourd'hui par l'ascendant libéral de Pie IX, témoigne dans son parlement le désir et l'intention de faire échange d'ambassadeurs avec le saint-siége. Pendant ce temps-là, l'Autriche, puissance catholique, ne craignait pas de menacer le domaine de saint Pierre, et, contre la foi des traités, dirigeait des tentatives d'occupations territoriales dans les Marches. Faut-il s'étonner d'après cela que l'Italie entière se soit émue en faveur du pape contre une puissance odieuse et tyrannique.

Telle fut en effet l'origine des mécontentements et des troubles qui agitèrent l'Italie, et qui, de proche en proche, auront amené son affranchissement. Dieu bénit les saintes entreprises et châtie la mauvaise foi, et l'on peut juger si le châtiment s'est fait attendre à l'endroit du dernier gouvernement de la France, qui dans toutes ces affaires se montra Autrichien de cœur, sans oser toutefois desservir la cause de Rome, devenue celle de l'humanité, autrement que par ses tortuosités accoutumées. Et dans la révolution qui renversa ce dernier gouvernement, révolution si dissemblable de celle qui, il y a un demi-siècle passé, profana les temples, brisa les autels et dispersa le clergé, qui pourrait ne pas faire remonter à l'influence morale du souverain de Rome et du chef de l'Eglise le respect sacré dont toutes les choses saintes ont été l'objet? Et comment, après tout, la démocratie pourrait-elle se montrer irréligieuse, puisque l'affranchissement des peuples et la liberté sacramentelle de l'homme furent les œuvres du christianisme?

Maintenant Rome a reçu une constitution des mains de son souverain; maintenant, aussi, l'Italie entière voit un père commun dans le père des fidèles; elle a incessamment les yeux tournés vers lui; il domine toutes les pensées, et il suffit de regarder les pièces officielles, les bulletins, les proclamations des vainqueurs de Milan, du roi de Sardaigne, pour reconnaître qu'après Dieu c'est à Pie IX que tous font hommage de leurs triomphes, qu'ils invoquent sa sauvegarde pour en obtenir de nouveaux dans *la guerre sainte* entreprise pour purger la patrie italienne de la présence des Autrichiens.

Voulant présenter dans un espace excessivement borné un tableau fidèle de la grande révolution, réellement régénératrice, dont l'Italie vient d'être et est encore le théâtre sur quelques points; reconnaissant en même temps l'impossibilité d'être partout à la fois sur ce sol mouvant qu'agite un même esprit de liberté individuelle et d'indépendance nationale, il nous a fallu choisir entre la tâche facile de recueillir çà et là quelques faits, qui toujours se ressemblent plus ou moins par l'héroïsme du citoyen aspirant à la liberté et la barbarie d'une soldatesque effrénée ; ou bien nous résoudre à montrer la révolution dans ses causes, dans son esprit, dans ses résultats déjà acquis ou plus que probables. C'est vers ce second parti que nous avons penché, sans savoir si nous avons bien ou mal fait. Nous consacrerons cependant le peu d'espace qui nous reste à donner une espèce de bulletin de l'état actuel des choses, là où l'ordre est encore le plus grièvement compromis, c'est-à-dire dans le royaume de Naples et en Lombardie; ce sera, toutefois, après avoir fait ressortir, comme un fait immense, concluant, ce que l'on pourrait appeler *la moralité* de toutes les révolutions dont l'Europe a été témoin depuis moins de deux mois; c'est à savoir que les événements de Paris, de Vienne, de Berlin et de Milan ont démontré que, quand la lutte est une fois engagée entre les habitants d'une capitale et les mercenaires du pouvoir, elle peut être longue, terrible, sanglante, mais que l'issue n'en est pas douteuse. Puisse cette expérience, quatre fois renouvelée, en si peu de temps, enseigner enfin aux chefs de tous les Etats combien, dans leur intérêt même, il leur importe d'y regarder à deux fois avant de déchaîner contre le peuple les troupes soldées, exclusivement destinées à la défense du pays et qu'ils tendent à déshonorer en leur faisant verser le sang de leurs concitoyens.

Lorsque deux royaumes relèvent du même sceptre, il est presque impossible que l'un des deux ne soit pas, en certaines circonstances, sacrifié à l'autre ; de là des jalousies, des inimitiés que les peuples se transmettent avec le sang; de là des rixes, des combats meurtriers ou bien des révoltes incessamment renouvelées dans l'un des deux royaumes pour secouer le joug et reconquérir son indépendance. Sous ce rapport la position de l'Irlande vis-à-vis de l'Angleterre présente une frappante analogie avec la position de la Sicile vis-à-vis de Naples. L'histoire de la Sicile résume à elle seule la longue série de tous les malheurs qui peuvent accabler un peuple; elle a expérimenté à toutes les époques combien, dans ce monde de compensations, il faut souvent payer cher la trop grande générosité du sol, la trop splendide magnificence du climat. La Sicile surtout a été constamment le domaine de la victoire. Demeurée fidèle à ses maîtres pendant l'occupation de Naples par Murat, elle en a été royalement récompensée en se voyant en toute occasion sacrifiée aux Etats de terre-ferme du roi de Naples. Dans ces derniers temps elle a réclamé, on lui a répondu par des refus dédaigneux; elle a insisté dans ses justes réclamations, on lui a répliqué par des persécutions, par l'emprisonnement et le meurtre de ses citoyens, par le bombardement et l'incendie de ses belles cités, et tandis que Messine faisait une défense héroïque contre l'acharnement de ses dominateurs, la révolte succédait à la révolte dans le sein même de la ville de Naples, pour obtenir des simulacres de changement dans le gouvernement par des changements de ministres, toujours contraints, quelles que fussent leurs bonnes dispositions personnelles, d'en revenir aux errements d'un prince dont on pourrait dire que la mauvaise foi se retrouverait dans son cœur si elle était exilée de la terre, exil qui ne serait d'ailleurs qu'une supposition.

Cependant, après tant de malheurs en pure perte, après une longue série de négociations, on paraissait arrivé à un arrangement. La Sicile obtenait une constitution particulière. Le titre de roi des Deux-Siciles serait le seul que prendrait le souverain des deux royaumes. La Sicile serait gouvernée par un vice-roi toujours choisi parmi les Siciliens, à moins qu'il ne fût un membre de la famille royale. Ce vice-roi serait irrévocablement investi d'un entier *alter ego*, entouré de tous les droits que la constitution donne au pouvoir exécutif et de toutes les garanties nécessaires.

Telles étaient du moins les principales clauses de l'*ultimatum* des Siciliens, mais avant que l'on ait pu même savoir si cet *ultimatum* était accepté, les Siciliens avaient déchiré les conditions qu'eux-mêmes ils avaient proposées, ce que l'on doit d'ailleurs attribuer en partie aux éternels retardements du cabinet de Naples, qui perdit tout une semaine sans répondre à des propositions antérieures, que, aujourd'hui, il regrette cruellement de n'avoir point acceptées. Il ne faut point d'ailleurs perdre de vue que toutes ces négociations se passent sous l'influence immédiate de l'Angleterre, représentée par lord Minto, ce qui permet de craindre qu'il n'en résulte rien de bon. Quant à présent, sauf de nouvelles éventualités, la guerre civile a recommencé à Messine; la Sicile est, de fait, disjointe du royaume de Naples, mais comme cette disjonction a eu jusqu'ici pour effet d'isoler la Sicile de la grande agrégation des Etats italiens, isolement qu'elle doit aux intrigues du cabinet napolitain, il y aurait une grande imprudence à regarder son état actuel comme un état normal et définitif.

Pendant que ces choses se passaient dans le sud de l'Italie, où tout semble provisoire, Venise se déclarait en république à la suite d'un de ces jeux de la fortune, d'un de ces faits accidentels qui jouent un si grand rôle dans l'histoire des nations.

A la nouvelle de la délivrance de Milan par le sublime effort de ses citoyens, Venise sentit redoubler l'indignation avec laquelle elle supportait la domination autrichienne, mais sans savoir prendre un parti, soit en se reconstituant comme par le passé en Etat indépendant, soit en liant sa fortune à celle de la Lombardie actuellement soutenue par les armées piémontaises commandées par Charles-Albert en personne.

Voici donc ce qui arriva et comment, le 22 mars, un citoyen de Venise qui s'est constamment fait remarquer par son patriotisme, Daniel Manin, a fait proclamer la république. Ce nom d'ailleurs présente un singulier rapprochement : un patricien nommé Manin fut le dernier doge de la république de Venise, et c'est un homme du peuple du nom de Manin qui la reconstitue aujourd'hui.

On découvrit dans une maison une grande quantité de matières combustibles. On sut bientôt qu'il s'agissait d'un complot ayant pour chef un homme exécré à Venise, Mariowich, colonel de la marine. Lorsque Mariowich entra dans l'arsenal il fut immédiatement saisi et tué par les marins. Ceux-ci autorisèrent la garde civique à entrer dans l'arsenal; on se rendit à la corvette où fut arboré le drapeau tricolore. Manin, s'étant alors assuré de la coopération des grenadiers, se rendit au palais des gouvernants Palfy et Zichy; il les engagea à laisser relever par des grenadiers les postes occupés par des Croates. A l'une des fenêtres du palais royal parut Sebregondi, vice-président de l'ex-gouvernement; il annonça qu'il renonçait au pouvoir; que le comte Palfy, gouverneur démissionnaire, se mettait ainsi que sa famille sous la protection de la garde civique. Après lui avoir juré qu'elle le prenait sous sa protection, la garde civique alla faire bénir ses drapeaux par le patriarche. Tout le monde s'agenouilla pendant cette auguste cérémonie et les drapeaux bénis furent triomphalement portés et déposés dans l'église de Saint-Marc.

Ainsi, sans autre événement que la mort tragique d'un conspirateur, les échos des vieilles lagunes, après une interruption de cinquante ans, ont pu répéter ce mot de république dont elles avaient retenti pendant tant de siècles.

Malheureusement, ce n'est pas ainsi ni en aussi peu de tempsque les choses s'étaient passées à Milan où l'héroïsme du peuple ne peut être comparé qu'à celui du peuple de Paris, si même il ne l'a pas surpassé, tant furent grands les obstacles et les périls que les Milanais eurent à surmonter et endurer avec si peu de ressources pour en triompher. Et combien d'horribles vexations n'avaient pas soufferts cette héroïque population de Milan avant d'en venir à la dernière extrémité! Quelle longue résignation et quelle constance à protester pendant des mois entiers contre les raffinements d'un pouvoir tyrannique et tracassier! Que de privations toutes les classes des habitants de Milan ne s'imposèrent-elles pas, pour procéder d'abord au moyen d'une opposition pacifique, qui, en diminuant les revenus du fisc, punissait l'avidité des exacteurs des deniers publics! Vengeance digne et noble dans sa persévérante unanimité, mais qui, au lieu d'éclairer les dominateurs de Milan, ne fit que les irriter dans leur démoniaque fureur. Enfin, armé de ces seuls moyens de défense que fabrique le désespoir, le peuple résista à ses tyrans; la lutte fut longue, acharnée, meurtrière; cinq jours durant, exposés au feu de la mousqueterie et de la mitraille, assiégés dans leur ville, sans communication avec le dehors, les malheureux Milanais triomphèrent miraculeusement d'ennemis qu'aucun crime ne fit reculer dans l'assouvissement de leur rage devenue inutile; des femmes égorgées, des enfants mutilés et portés à la pointe des baïonnettes, tels furent les sanglants trophées qui signalèrent le départ des Croates, de ces dignes satellites de Radetzki.

Cependant le tocsin de Dieu a sonné dans toutes les villes, dans toutes les campagnes de la haute Italie; à Turin, à Gênes, à Pavie, à Vérone, partout le bruit en a retenti dans tous les cœurs; des soldats sortent du sol et brûlent de combattre sous les drapeaux de la guerre sainte. A la tête de ses braves Piémontais que Napoléon estimait, après les Bretons, les meilleurs soldats de son armée, le roi Charles-Albert s'est déclaré l'allié des Lombards qui voulaient se donner à lui; les vœux du monde et les bénédictions du saint-siége accompagnent les nouveaux croisés de l'indépendance et de la liberté. Dieu leur soit en aide!

EN VENTE CHEZ LES MÊMES ÉDITEURS.

Révolution de 1848. In-8°. . . . . 1 »
Révolution de Berlin. In-8°. . . . . » 25
Révolution de Vienne. In-8°. . . . . » 25
Révolution de Pologne. In-8°. . . . . » 25
Révolution d'Italie. In-8°. . . . . » 25
Révolution de Madrid. In-8°. . . . . » 25
République d'Andorre. In-8°. . . . . » 25
République de Saint-Marin. In-8°. . . . . » 25
République de Platon. In-8°. . . . . » 25
Le Peuple souverain. In-8°. Orné du portrait de Lamartine. . . . . » 50
Avec les portraits des membres du gouvernement provisoire, 25 centimes en sus chaque portrait.
Politique d'Aristote. In-8°. . . . . » 25
César aux élections, ou le Suffrage universel. In-8°. . . » 25
Mirabeau à la Constituante. In-8°. . . . . » 25
Les Barricades. In-8°. . . . . » 25
Avec dessin représentant la barricade du faubourg Montmartre le 24 février 1848. . . . . » 50
Le Peuple en action. In-8°. . . . . » 25
Avec un dessin représentant la prise du Château-d'Eau, le 24 février 1848. . . . . » 50
Jésus-Christ! Liberté, égalité, fraternité. . . . . » 25
Orné de la sainte face. » 50
Pie IX, régénérateur du monde. . . . . » 25
Orné de son portrait. . . . . » 50
L'Arbre de la liberté. In-8°. . . . . » 25
Chants nationaux et patriotiques. . . . . » 25
Ornés du portrait de Béranger. . . . . » 50
Poésies nationales et républicaines. . . . . » 25
Ornées du portrait de Lamartine. . . . . » 50

LA RÉSURRECTION DE LA POLOGNE.

Prix : 25 centimes.

PARIS,

BARBA, 4 BIS, RUE DE LA PAIX.

GARNOT, 7, RUE PAVÉE SAINT-ANDRÉ.

1848.

SAINT-CLOUD. — IMPRIMERIE DE BELIN-MANDAR.

LA RÉSURRECTION DE LA POLOGNE.

Il faudrait, sans doute, être doué d'une grande témérité pour avouer la prétention de lire dans l'avenir.

Cependant, il peut exister un tel concours de circonstances qu'un événement, non encore accompli, se dévoile d'avance dans sa future et prochaine réalité.

La résurrection complète, intégrale, de la Pologne nous apparaît en ce moment comme un fait et non plus seulement comme une espérance.

Sans que nous voulions abuser du droit acquis à tout écrivain de remonter vers le passé, pour mieux mettre en saillie les choses de son temps, qu'il nous soit permis de jeter en arrière un regard rapide et investigateur. Cela nous est indispensable pour démontrer que la Pologne doit renaître par les causes mêmes qui l'ont fait périr. Sa destruction fut une nécessité fatale de la politique du dernier siècle; sa résurrection est la première des nécessités heureuses de la politique nouvelle à laquelle l'esprit de liberté vient de convier la vieille Europe miraculeusement rajeunie. Il est dans la nature des choses que la souveraineté des peuples répare envers les peuples les iniquités commises par l'ambition des rois. On verra, d'ailleurs, comment et pourquoi la révolution française a une dette sacrée à acquitter envers la Pologne.

Plaçons ici une observation préliminaire, indispensable pour arriver à notre but :

Avec la barbarie avait disparu en Europe l'emploi des armées hors de proportion avec le chiffre des populations. Louis XIV, le premier, ramena l'usage des grandes armées et contraignit ainsi les puissances rivales de la France à suivre son exemple. Nous ne dirons point que ce fut une faute de la politique de Louis XIV, puisque par ce moyen il réunit trois grandes provinces à la France, mais ce fut à coup sûr un grand crime commis envers l'humanité, crime dont le monde subit encore la peine et sur lequel Napoléon, malgré sa gloire, renchérit d'une manière désastreuse. On augmente les armées en temps de guerre, on ne les diminue pas en temps de paix. De là le plus grand fléau des temps modernes, c'est-à-dire l'existence d'une partie considérable du peuple armée au milieu du peuple, vivant aux dépens du peuple, et dont le seul résultat incontestable est d'enlever aux besoins du commerce, de l'industrie et surtout de l'agriculture les bras les plus vigoureux d'une nation.

La nécessité d'employer ces forces excessives, toujours disponibles, a dû produire deux inévitables effets : l'asservissement des peuples dans l'intérieur des empires, et l'ambitieuse convoitise des souverains envers les Etats voisins. C'est de cette nécessité que, à la suite d'une série d'accidents enchaînés les uns aux autres, la Pologne devint la victime marquée du sceau de la fatalité.

L'érection du marquisat de Brandebourg en un royaume indépendant, vers le commencement du dernier siècle, ne fut pas, dès son origine, un événement capital et capable de rompre ce que l'on appelait alors l'équilibre européen. Mais l'avénement au trône de Prusse d'un roi conquérant donna au nouveau royaume une importance qui n'avait pas été prévue et dont l'influence s'étendit bientôt sur toute l'Europe. La constitution du corps germanique avait paru assez robuste pour n'en pas être altérée; cependant les grandes puissances, celles qui devaient se croire le plus solidement établies, ne tardèrent pas à reconnaître combien il est imprudent de prêter trop facilement les mains à la fondation d'une grande puissance nouvelle.

La destruction du royaume de Pologne devait être, et fut en effet, la conséquence nécessaire de la fondation du royaume de Prusse. Il fallut sacrifier la Pologne à l'agrandissement de cette dernière puissance. Les conquêtes de Frédéric avaient rendu le mal inévitable, puisque, par ce moyen, le vainqueur se trouvait indemnisé sans qu'il en coûtât rien aux vaincus. Ce fut une de ces énormités qu'aucun mot dans aucune langue ne serait capable de caractériser. Une fois entamée, la Pologne, n'ayant plus la force suffisante pour se conserver, même dans ses débris, devint, malgré son héroïque résistance et sa reconstitution en un simulacre de royaume, une proie facile dont on connaît les partages successifs entre l'Autriche, la Russie et la Prusse. C'était, sur une plus grande échelle, le fait de trois voleurs de grand chemin se partageant les dépouilles d'un homme qu'ils auraient dévalisé après l'avoir laissé pour mort; mais, grâces en soient rendues à Dieu! la Pologne vit encore et une année ne se passera pas sans qu'elle ait reconquis sa nationalité.

Ainsi, pendant le dernier siècle, une puissance fut substituée à une autre, non sans un grand désavantage pour l'Europe. La Pologne était un boulevard qui garantissait l'Allemagne et les Etats de l'occident contre les envahissements de la Russie, tandis que la Prusse ne garantit rien contre rien.

Nous avons dit que la révolution française, à son aurore, contracta envers la Pologne une dette sacrée; voici comment :

Lors du dernier partage de la Pologne, la France était en pleine révolution. Par ce seul fait la France se trouvait momentanément isolée de toutes les autres nations. Ainsi donc, encore impuissante au dehors, malgré l'inutile monnaie de ses sympathies, la révolution française eut pour première influence extérieure l'anéantissement complet de la Pologne. Ce n'est pas toujours par l'effet de sa volonté que l'on devient la cause d'un malheur, mais ne paraîtra-t-il pas évident que les puissances copartageantes profitèrent, pour consacrer l'impiété du sacrifice, de l'inaction forcée où la France se vit réduite? En même temps ne sera-t-on pas conduit à penser que, même en se renfermant dans ses vœux, dans l'action de son influence morale, la révolution française de 1848 aura pour attribut la noble mission de réparer le mal que n'a pu prévenir la première révolution française en 1792?

Deux fois, pendant les siècles passés, le trône de Pologne étant électif, les Polonais avaient demandé un roi à la France. Nous étions donc les plus anciens et les plus sincères alliés de la Pologne; des liens sympathiques unissaient plus encore les deux peuples que les deux gouvernements. Sans doute les vœux du gouvernement français ne manquèrent jamais alors à son alliée; mais, malheureusement la Pologne éprouva plus d'une fois combien les vœux stériles deviennent aisément funestes quand ils ne sont pas accompagnés de secours plus efficaces. Ainsi Louis XV laissa détrôner le prince dont il avait épousé la fille.

Depuis, la Pologne n'a pas cessé de présenter un phénomène qui serait unique dans l'histoire des nations sans l'existence prédestinée du peuple d'Israël. Rayée de la carte de l'Europe, la Pologne ne le fut pas de la mémoire des peuples; la terre fut soumise, mais non l'héroïque population condamnée à fouler un sol esclave. Ce fut, chez tout un peuple, la puissance de ces âmes d'élite, grandissant au milieu des tourments et demeurant libres sous le poids des fers.

On n'a pas cessé de dire la Pologne alors même qu'il n'y avait plus de Pologne. Un certain instinct populaire crut à son sommeil, mais jamais à sa mort; on regardait si bien sa mort comme impossible, qu'à la moindre circonstance favorable on croyait la voir se réveiller, et c'est pour cela, sans doute, que quand Napoléon fut parvenu au faîte de sa fortune on lui attribua le dessein de réédifier intégralement le royaume de Pologne. C'est une page qui manque à sa gloire. Voici, cependant, ce qu'il y eut de vrai à ce sujet :

Malgré la tendance humaine à oublier les services passés, on doit se rappeler combien de noms polonais, spontanément associés à la gloire de nos armées républicaines, s'illustrèrent dans nos rangs, soldats de la liberté. Qui n'a conservé le souvenir de Kociusko, de Miaczinski, de tant d'autres, et enfin du Polonais Sulkowski, que le général en chef de l'armée d'Egypte comptait au nombre de ses aides de camp, et pour lequel il avait une estime et une amitié toute particulière.

Sulkowski ne devait pas revoir l'Europe ; il fut tué à la révolte du Caire. Tant qu'il vécut, son général se plaisait beaucoup à deviser avec lui, et le rétablissement de la Pologne, libre et indépendante, était alors le sujet le plus habituel de leurs fréquents entretiens. L'esprit inquiet, l'âme encore incertaine de son avenir, tourmenté d'une ambition sans bornes, Bonaparte, dans ses vastes rêveries, reconstruisait le monde et rajeunissait la vieille Europe. Dans ces rêveries, la résurrection de la Pologne était un point arrêté, et ceux qui, dans ce temps-là, ont pu pénétrer le plus avant dans la confidence de ses pensées intimes, nous ont affirmé que si Sulkowski eût vécu, il est hors de doute que Bonaparte, devenu empereur, eût relevé le trône des Jagellons en faveur de son aide de camp, comme il plaça Murat sur le trône de Naples.

Monté lui-même sur le trône impérial, maître par la victoire d'une grande partie du territoire européen, comptant dans ses armées un grand nombre de Polonais, Napoléon pensa encore à leur rendre une patrie, et cet espoir les enflammait tous. Mais si telle était encore sa volonté, ce n'était plus qu'une volonté molle et soumise à des considérations mouvantes comme le furent les événements.

Les membres de la Pologne étaient dispersés entre trop de mains ; quand les unes étaient armées contre Napoléon, les autres défendaient ses drapeaux ; ainsi il fut constamment retenu par la crainte de dépouiller des alliés qui changeaient avec les variations de sa fortune; ainsi restèrent sous le joug de leurs nouveaux maîtres les provinces démembrées de la Pologne, dont la tête seule recouvra un simulacre d'existence par la création du grand-duché de Varsovie, dont l'investiture fut donnée au roi de Saxe, le plus fidèle allié de Napoléon. Cependant, nous devons faire observer que lorsque l'empereur, au commencement de sa dernière et gigantesque entreprise contre la Russie, séjourna à Varsovie, c'était un bruit généralement accrédité dans toutes les provinces de l'ancienne Pologne qu'elles allaient être reconstituées en royaume indépendant; c'était déjà un enthousiasme universel, et l'armée presque entière partageait l'espoir des Polonais; de toutes parts il vint des députés auprès de Napoléon, mais, enchaîné par la difficulté que nous avons dite, alors surtout qu'un corps d'armée autrichien et un corps d'armée prussien étaient auxiliaires de la grande armée, Napoléon n'obtempéra point à leurs demandes, et la Pologne, déçue dans les espérances dont elle s'était flattée, dut attendre des jours meilleurs. Ces jours, longtemps attendus, vont enfin luire pour elle; car, nous le répétons avec certitude, nous ne nous trompons pas dans nos pronostics. Nous en avons pour garants l'héroïsme des Polonais, l'influence communicative de la dernière révolution de Paris sur l'esprit des populations allemandes, sans exception, et, plus encore, peut-être, l'intérêt mieux entendu des détenteurs actuels des provinces polonaises.

Suivons cependant les destinées de la Pologne pendant la paix frémissante dont jouit l'Europe depuis la chute de l'empire français. Voulant punir le roi de Saxe de sa trop longue fidélité à un monarque déchu, le congrès de Vienne lui enleva la possession du grand-duché de Varsovie, érigea le grand-duché en royaume, sans augmentation de territoire, en investit l'empereur de Russie, qui, dès lors, ajouta à ses titres le titre de roi de Pologne. Il fut bien stipulé dans les actes du congrès que le nouveau royaume serait un royaume indépendant de la Russie, relevant du même souverain, mais régi par des lois différentes, et que même la Pologne ainsi restaurée à demi jouirait des avantages d'une constitution. Le vent était alors aux constitutions; l'empereur Alexandre, esprit mystique, se piquait d'une certaine libéralité dans le nouveau sens attribué à ce mot. Des fêtes, des démonstrations de joie accueillirent à Varsovie le nouveau roi de Pologne, et l'on peut dire que, tant que vécut Alexandre, les Polonais, s'ils n'ont pas joui de l'indépendance à laquelle ils avaient droit, ils ont du moins été soumis à une autorité dont le poids était tolérable; aussi n'a-t-on vu sous Alexandre fermenter aucun germe d'insurrection.

Cependant, et c'est ici le lieu de le faire observer, la réunion sous un même sceptre de deux peuples aussi différents de mœurs, de langage et de religion, portait en elle une difficulté radicale et tellement insurmontable que toute illusion à cet égard a dû se dissiper, et que de cette difficulté sont nés tous les malheurs qui ont accablé la Pologne sous le règne du successeur d'Alexandre, et qui, pour elle, ont fait de l'insurrection un devoir légitime et sacré.

Il y avait donc entre la Pologne et la Russie incompatibilité absolue d'humeur et de caractère. Par le fait des événements, dans cette réunion contre nature on devait nécessairement voir dans le peuple russe le peuple conquérant et dans le peuple polonais le peuple conquis. C'était une injustice du sort, mais enfin cela était. Or, d'après les stipulations du congrès de Vienne, d'abord franchement adoptées par Alexandre, le royaume conquis se trouvait infiniment mieux partagé que l'empire conquérant. A l'un des institutions libérales, des franchises, des droits reconnus; à l'autre le servage et l'asservissement de la brute. Ce que l'on appelle les serfs en Russie n'en murmuraient pas, par la raison que l'on ne peut pas convoiter ce que l'on ignore, et pourtant ces Russes, vaillants soldats, venaient de traverser deux fois l'Europe; après la seconde invasion leur séjour en France se prolongea. Dans leurs communications avec les habitants de nos villes et nos campagnes, ils puisèrent nécessairement des termes de comparaison entre l'existence du peuple en France et de l'existence du peuple en Russie. Il y en eut, en grand nombre, qui s'acclimatèrent si bien de ce côté-ci du Rhin que quand sonna l'heure du départ ils se cachèrent pour ne point retourner dans leur pays. Ceux qui y revinrent, rapportèrent dans leurs steppes de premières lueurs d'idées qui n'y avaient jamais pénétré. Cependant ces hommes n'avaient pas encore assez secoué leur barbarie native pour être jaloux des Polonais, mais il n'en était pas ainsi parmi les russes appartenant aux conditions plus élevées. La noblesse Russe est investie d'une aristocratie tout autre que celle qui résulte de la fortune et de la naissance, aristocratie que ne proscrivent pas même les républiques les plus sévères, celle que donne l'éducation appliquée au développement de l'intelligence. Sous ce rapport les seigneurs russes n'ont rien à envier aux hommes distingués d'aucune autre nation. Dès lors on peut comprendre si eux, vainqueurs, ils pouvaient voir sans jalousie les vaincus jouissant de droits relativement privilégiés, tandis qu'ils restaient soumis, sans aucune garantie au bon plaisir du pouvoir absolu.

Voilà où était la difficulté, et cette difficulté, toujours insurmontable, ne fit que s'accroître avec le temps. Une première révolte à Saint-Pétersbourg, révolte que nous mentionnons sans avoir le loisir de nous y arrêter et dans laquelle figurèrent les plus grands noms de la Russie, dut ses premiers germes à cette jalousie inspirée aux Russes par les institutions polonaises. L'empereur de Russie se trouva donc pressé entre deux nécessités également implacables, ou de nourrir le mécontentement des Russes en maintenant la parole donnée aux Polonais et consacrée dans les clauses du traité de Vienne, ou de fouler aux pieds la parole impériale en sacrifiant la Pologne au ressentiment jaloux de la Russie. Il fallut choisir, tout moyen de conciliation étant impossible. L'empereur Nicolas marcha dans cette dernière voie, d'abord en tâtonnant et d'un pas mal assuré pour voiler son dessein, mais épiant les circonstances qui pourraient en assurer l'exécution. Ce fut donc un plan arrêté que la Pologne, libre et indépendante, se métamorphoserait en une province russe et verrait sa nationalité s'éteindre en se fondant dans le grand empire.

Par quelques-unes de ces folies brutales qui lui étaient familières, le grand-duc Constantin, vice-roi de Pologne, avait déjà contribué à irriter les esprits quand éclata à Paris la révolution de juillet. Héritier d'Alexandre, Constantin avait renoncé à la succession impériale en faveur de son frère Nicolas. Nous n'avons ni le temps, ni le besoin d'entrer dans les tortuosités qui conduisirent à cet acte dont s'étonna l'Europe. Quoi qu'il en soit, les Polonais, trahis par leur souverain, accablés de vexations, avaient plus que légitimement reconquis le droit de s'affranchir d'un joug insupportable, et quand les cris de liberté, partis des bords de la Seine, eurent retenti sur les bords de la Vistule, l'âme généreuse des Polonais frémit à l'unisson, et la Pologne s'arma comme un seul homme pour ressaisir son indépendance.

Nous n'avons rien à dire ici de la révolution de juillet, qui restera seulement dans l'histoire comme un acte d'héroïsme populaire; on ne sait que trop avec quelle promptitude les promesses en furent éludées, avec quelle frauduleuse ténacité l'esprit en fut faussé. Personne n'ignore d'ailleurs qu'en ce qui concerne la Pologne le nouveau gouvernement de la France se mit en désaccord avec l'esprit de la nation, et l'on n'a pu oublier l'impudence scandaleuse de ces mots à double sens lancés du haut de la tribune par un ministre : L'ordre règne à Varsovie, quand la capitale de la Pologne n'était plus qu'un cadavre. On se rappelle également ces lettres fameuses où le roi des Français faisait un hommage lige au tzar de Russie, de ses combinaisons souterraines pour faire avorter la révolution polonaise. Passons sur ces honteux souvenirs contre lesquels du moins la France n'a pas cessé un moment de protester, dans les chambres et par toutes les voix de la publicité. Nous ne prétendons pas que, même avec l'appui de la France, dans les circonstances difficiles où celle-ci se trouvait alors vis-à-vis de l'Europe, la Pologne eût complétement atteint son noble but, nous voulons seulement constater la différence inouïe qui existe entre l'état de l'Europe en 1830 et l'état de l'Europe en 1848 ; on en devra nécessairement conclure que les chances pour la Pologne ne sont pas pareilles entre les deux époques. De nouveaux griefs sont venus successivement ajouter à son énergie, l'esprit de liberté lui crée des alliés chez tous les peuples; nul ne peut reconnaître les droits de l'homme et méconnaître les droits de la Pologne, enfin la Pologne est sûre du moins de ne pas être trahie par ceux même qu'un impérieux devoir enchaîne dans les lois d'une douloureuse neutralité. Il ne faudrait pas, d'ailleurs, perdre de vue que les liens de sympathie qui de tout temps ont uni les Polonais aux nations dignes de la liberté et particulièrement à la France se sont encore considérablement resserrés par le long séjour des Polonais exilés, soit à Paris, soit à Londres. Nous les avons vus parmi nous, y vivant comme nos frères, s'associant à toutes nos industries, se distinguant dans la culture des arts et des lettres; enfin, leur courage et leurs bras ne nous ont point fait défaut quand le peuple de Paris s'est armé pour la délivrance de la France et peut-être a donné le signal de la liberté du monde.

Oui, certes, il a dû en coûter beaucoup à M. de Lamartine, éloquent organe du gouvernement de la république française, quand il a dû refuser des armes aux nobles enfants de la Pologne qui venaient en demander à leur seconde patrie, au moment où ils allaient quitter son sol hospitalier pour regagner le sol natal. Un sublime devoir les y rappelle, et si les exigences de la politique enchaînent l'élan du gouvernement, au moins sont-ils certains que tous les citoyens s'unissent de cœur pour les accompagner dans leur noble entreprise. N'est-il pas évident, d'ailleurs, que lar évolution, partout triomphante, leur a frayé la route à travers l'Allemagne, qu'elle a marqué pour eux de grandes étapes dans les capitales même dont ils auraient redouté l'approche il y a deux mois? Là où ils auraient été poursuivis par la police de gouvernements ombrageux, l'assentiment des peuples leur prépare une réception cordiale et fraternelle. Comme autrefois le peuple d'Israël, après une longue captivité, car l'exil est aussi une captivité, ils retournent dans la terre promise, et dans leur marche chacun d'eux ressemble à ce consul vaincu que le sénat de Rome récompensait pour cela seulement qu'il n'avait pas désespéré du salut de la république. Jamais ils n'ont désespéré du salut de la Pologne, et tout concourt aujourd'hui à la réalisation de leurs saintes espérances. Dieu et la justice sont pour eux.

Ne réveillons pas le souvenir des cruautés exercées par la Russie en Pologne quand le nombre, en 1830, triompha de l'héroïque insurrection des Polonais; laissons également dans l'ombre du passé les cruautés, plus horribles encore en ce que n'ayant pas même l'emportement de la victoire pour excuse, elles étaient froides et calculées, que fit exécuter le cabinet autrichien dans le duché de Varsovie. Toutes ces cruautés sont devenues des graines d'indépendance prêtes à germer et à produire leurs fruits. Déjà la Prusse, après la révolution de Berlin, a laissé voir assez, par son indifférence contrainte, en apprenant les soulèvements du grand-duché de Posen, qu'elle subirait, si cela était nécessaire pour se maintenir à la tête de la grande confédération allemande qui s'organise en ce moment, le sacrifice de ses provinces polonaises.

Que faut-il à la Pologne? L'occupation d'un coin de terre libre d'où elle pourra se reconquérir elle-même.

Bon gré, malgré, il faudra bien que l'Autriche, enlacée aujourd'hui dans d'inextricables difficultés qui lui viennent de toutes ses possessions, cède comme la Prusse; à elle aussi la révolution de Vienne a enseigné ce que peuvent les populations outragées.

Heureuses, disons-le bien haut, mille fois heureuses, la Prusse et l'Autriche si, au lieu de batailler dans des combats dont l'issue définitive ne peut pas être douteuse, elles comprennent leur véritable intérêt en contribuant bénévolement par d'inévitables sacrifices à la résurrection de la Pologne. Par là, l'empire germanique reconstitué recouvrera le rempart qui seul l'abrita pendant des siècles contre les invasions du Nord.

Restera donc seulement la Pologne russe. La seule accointance de ces deux mots est un présage assuré du peu de durée d'un pareil accouplement. Pour satisfaire la jalousie des Russes, il faudra que le tzar augmente encore la désolation qui sévit contre la Pologne, ou qu'il renonce à ses possessions de ce côté-ci du Niémen. S'il le fait, la Russie lui en saura gré; s'il persiste au contraire dans un affreux système de vexations, un prochain avenir lui apprendra avec quelle rapidité les révolutions franchissent les distances; la Pologne deviendra l'éternel tombeau des soldats russes, comme l'Espagne fut le tombeau des soldats français sous Napoléon. Entre des troupes mercenaires et un peuple combattant pour son indépendance et sa liberté, la lutte peut être meurtrière, mais le triomphe est toujours assuré au peuple. Tout considéré, nous ne nous sommes donc pas aventurés en présentant la résurrection de la Pologne comme un fait parvenu à sa maturité.

EN VENTE CHEZ LES MÊMES ÉDITEURS.

Révolution de 1848. In-8°. . . . . 1 »
Révolution de Berlin. In-8°. . . . . » 25
Révolution de Vienne. In-8°. . . . . » 25
Révolution de Pologne. In-8°. . . . . » 25
Révolution d'Italie. In-8°. . . . . » 25
Révolution de Madrid. In-8°. . . . . » 25
République d'Andorre. In-8°. . . . . » 25
République de Saint-Marin. In-8°. . . . . » 25
République de Platon. In-8°. . . . . » 25
Le Peuple souverain. In-8°. Orné du portrait de Lamartine. . . . . » 50
Avec les portraits des membres du gouvernement provisoire, centimes en sus chaque portrait.
Politique d'Aristote. In-8°. . . . . » 25
César aux élections, ou le Suffrage universel. In-8°. . . » 25
Mirabeau à la Constituante. In-8°. . . . . » 25
Les Barricades. In-8°. . . . . » 25
Avec dessin représentant la barricade du faubourg Montmartre le 24 février 1848. . . . . » 50
Le Peuple en action. In-8°. . . . . » 25
Avec un dessin représentant la prise du Château-d'Eau, le 24 février 1848. . . . . » 50
Jésus-Christ ! Liberté, égalité, fraternité. . . . . » 25
Orné de la sainte face. . . . . » 50
Pie IX, régénérateur du monde. . . . . » 25
Orné de son portrait. » 50
L'Arbre de la liberté. In-8°. . . . . » 25
Chants nationaux et patriotiques. . . . . » 25
Ornés du portrait de Béranger. . . . . » 50
Poésies nationales et républicaines. . . . . » 25
Ornées du portrait de Lamartine. . . . . » 50

www.ingramcontent.com/pod-product-compliance
Ingram Content Group UK Ltd.
Pitfield, Milton Keynes, MK11 3LW, UK
UKHW031935260826
14628UKWH00004B/1638

9 782016 112885